Alfred Bachmann

Walter E. Keller

Wandern in Franken

20 Touren durch fränkische Landschaft und Geschichte

Verlag Walter E. Keller

Titelbild: Kloster Sulz bei Dombühl

Alfred Bachmann aus Nürnberg ist von Beruf Techniker. In seiner Freizeit streift er durch die fränkische Landschaft und hat sie dabei kennen und lieben gelernt. In Verbindung damit betätigt er sich als Wanderführer und Landschaftsfotograf.

Walter E. Keller ist Journalist, Sachbuchautor und Verleger in Treuchtlingen. Er hat unter anderem zahlreiche Standardwerke über den Naturpark Altmühltal und das Fränkische Seenland veröffentlicht.

Die Deutsche Bibliothek - CIP-Einheitsaufnahme

Bachmann Alfred
Wandern in Franken : 20 Touren durch fränkische Landschaft und Geschichte / Alfred Bachmann ; Walter E. Keller. - Treuchtlingen : Keller, 1998
(Reihe gelbe Taschenbuch-Führer)
ISBN 3-924828-86-5

Fotos: Bachmann (16), Keller (8 und Titel), Gebietsausschuß Fränk. Seenland (1), Bayer. Landesamt für Denkmalpflege (1)
Druck: Druckerei Lühker, Weißenburg
Printed in Germany

ISBN 3-924828-86-5

Gedruckt auf umweltfreundliches Papier mit 50% Altpapieranteil

Inhalt

Unterwegs zu Landschaft und Kultur

Für diesen Taschenbuch-Führer wurden durchaus subjektiv 20 Wanderungen in Mittelfranken, Unterfranken und Oberfranken ausgewählt. Sie vereinigen landschaftliche Schönheit mit besonderen Naturattraktionen sowie vor allem mit historischen und kulturellen Sehenswürdigkeiten.
Franken ist ein abwechslungsreiches Wandergebiet. Markiert sind tausende Kilometer von Durchgangswanderwegen, örtlichen Rundwegen, Stich- und Verbindungswegen. Natur und Landschaft sind das große Kapital der fränkischen Fremdenverkehrs- und Ausflugsgebiete. Darum haben es sich die Naturparke, Landkreise, Gemeinden und Fremdenverkehrsorganisationen auch zur Aufgabe gemacht, die Schönheit einer schützenswerten Landschaft und ihren Erholungswert zu erhalten. Hier gibt es noch Pflanzen und Tiere, die man andernorts nicht mehr finden kann. Ihren Lebensraum sollten gerade naturverbundene Wanderer nicht stören und sich darum im Gelände an die Wege halten.
Die Autoren haben die Wegverläufe abgegangen und überprüft. Baumaßnahmen, Flurbereinigungen, kartographische Fehler und unzureichende Markierung können jedoch zu Unstimmigkeiten zwischen den Wegverläufen in den Karten, in dieser Beschreibung und in der Natur führen. Für entsprechende Hinweise ist der Verlag dankbar (Verlag Walter E. Keller, 91757 Treuchtlingen, Knipferstraße 20).
Weil eine noch so präzise Wegebeschreibung eine gute Karte nicht ersetzen kann, wurden in diesem Taschenbuch nur Wegeskizzen aufgenommen. Ein X im Wegverlauf weist in manchen Skizzen auf einen Wechsel der Markierung hin. Für die Touren wird die Benutzung der jeweils genannten Karten sowie eines Kompasses durchaus empfohlen. Damit lassen sich auch Abkürzungen oder Erweiterungen der Strecken durchführen. Örtliche Wanderwege-Übersichtstafeln (zumeist an Wanderparkplätzen) und Wanderkarten geben zusätzliche Hinweise.
Die Übersichtskarte auf der Buchrückseite ermöglicht eine Orientierung über die Lage der einzelnen Wandervorschläge in

Franken. Die im Uhrzeigersinn angeordneten Ziffern beziehen sich auf die Kapitelnummern des Führers.
Ein Teil der Wandervorschläge wurde ursprünglich in der „Nürnberger Zeitung"/„Nordbayerische Zeitung" veröffentlicht. Die ausgewählten Routen halten sich mit wenigen Ausnahmen an markierte Wanderwege des Fränkischen Albvereins, der jeweiligen Naturparke, Verkehrs- und Wandervereine. Die Ausgangspunkte dieser Wanderungen lassen sich fast alle mit öffentlichen Verkehrsmitteln erreichen. Bei längeren Wanderungen können Teilstrecken auch mit Bahn oder Bus zurückgelegt werden. Die meisten der Wandervorschläge konzentrieren sich auf das Gebiet des Verkehrsverbundes Großraum Nürnberg (VGN).
Darüber hinaus ist dieses Taschenbuch ein unentbehrlicher Begleiter für Autowanderer, die einzelne Wanderziele auch direkt anfahren können.

1 Der Judenfriedhof bei Aufseß

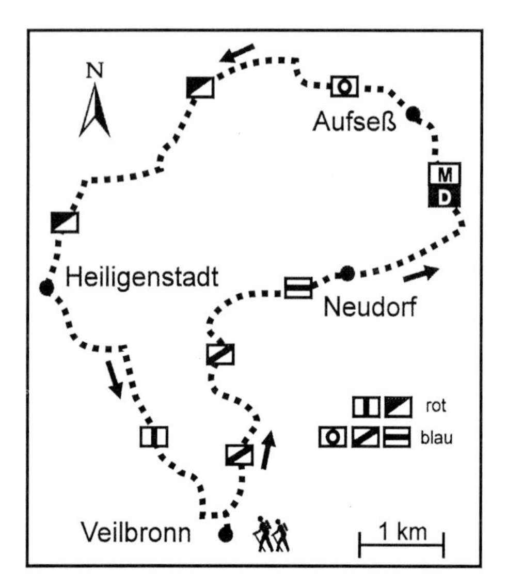

Ausgangspunkt: Veilbronn (Gem. Heiligenstadt OFr.), P an der Straße Richtung Siegritz
Öffentliche Verkehrsmittel: VGN-Bus 221 vom und zum Bahnhof Ebermannstadt (Bahnlinie R 22 von Forchheim, dorthin mit R 2 aus Richtung Nürnberg), H Abzw. Veilbronn
Anfahrt Pkw: Von der B 470 (zwischen der BAB 73, Anschlußstelle 9, Forchheim Süd, und der BAB 9, Anschlußstelle 44, Pegnitz-Grafenwöhr) in Gasseldorf nach Norden Richtung Heiligenstadt abbiegen.
Weglänge: ca. 18 km, streckenweise steil
Sehenswert: Burg Aufseß, Judenfriedhof, Schloß Greifenstein
Einkehrmöglichkeiten: Aufseß, Heiligenstadt, Veilbronn
Karte: Fritsch-Wanderkarte 65, Naturpark Fränkische Schweiz, Blatt Nord; Fritsch-Wanderkarte 53, Naturpark Fränkische Schweiz, Veldensteiner Forst – Hersbrucker Alb, Blatt Süd; Appelt-Karte Innere Fränkische Schweiz

In Franken gab es viele jüdische Gemeinden, nicht nur in den Städten, sondern auch auf dem Land. Die nachfolgende Wanderung führt zu einem Judenfriedhof in der Fränkischen Schweiz, eine der etwa zehn Begräbnisstätten in der Umgebung. Deshalb hier einige Erläuterungen zu den Besonderheiten der Judenfriedhöfe.
Zunächst ist auffällig, daß alle Grabsteine nach Osten, gen Jerusalem, ausgerichtet sind. Auch haben die Grabsteine oft die gleiche Höhe als Ausdruck dafür, daß die Menschen nach dem Tod alle gleich sind. Grundsätzlich haben die Gräber keine Einfassungen, denn diese wurde als Absonderung angesehen. Sie liegen zudem sehr dicht beieinander, um Platz zu sparen. Denn jüdische Grabstellen sind stets Eigentum der Verstorbenen und können nicht aufgelassen werden. Die Totenruhe ist bis zur erwarteten Auferstehung unantastbar. Sehr alte Grabsteine oder solche von besonders frommen Menschen tragen nur hebräische Inschriften. Später wurden sie mit zweisprachigem Text versehen. Dieser wurde durch symbolhafte Darstellungen ergänzt, wie segnende Hände für die Nachkommen der Priester, der Kohanim, oder eine Wasserkanne für die der Leviten. Es kann auch eine Aufgabe innerhalb der Gemeinde versinnbildlicht werden wie durch ein Widderhorn (Schofarbläser), ein Messer (Mohel Beschneider). Darüber hinaus gibt es weitere Zeichen wie Krone, Davidstern, Bücher, Tiere (ein Löwe erinnert an das Geschlecht Juda), Pflanzen und andere mehr.
Die 18 Kilometer lange Rundwanderung zum Judenfriedhof bei Aufseß beginnt entweder am Wanderparkplatz am südlichen Ortsrand (gegenüber der Bushaltestelle) von Veilbronn – dann geht es zunächst nach Norden durch den Ort – oder nördlich von Veilbronn am Parkplatz an der Straße Richtung Siegritz. Mit der Markierung blauer Schrägstrich geht es durchs idyllische Werntal, am Siegritzer Brunnen vorbei und dann etwas ansteigend bis zur Wernquelle. Kurz danach biegt die bisherige Markierung nach links ab; man geht auf dem unmarkierten, ansteigenden Weg rund 500 Meter weiter. Dort trifft man auf die Markierung Blaustrich, mit der man bei Neudorf die Jurahochfläche erreicht. Hier biegt der Blaustrich-Weg nach rechts ab, während man sich an den Weg Richtung Osten hält. Man folgt dem Schotterweg bis hinunter zu den Markierungen Main-Donau-

Weg MD und Blauring. Durch einen schönen Wald geht es im Aufseßtal in nördliche Richtung nach Aufseß.
Man läuft direkt auf die Burg Unteraufseß zu, die das Ortsbild prägt. Sie stammt aus dem 12. Jahrhundert. Aus dieser Zeit blieben der Bergfried und das angebaute Steinhaus erhalten. Das „Neue Schloß" dagegen wurde mehrfach zerstört, 1677 wurde der Ostflügel wiederhergestellt. Dieser barock geprägte Bau mit Ecktürmchen ist zusammen mit den älteren Bauteilen von einer Mauer umgeben. Die Burgkapelle wurde im 19. Jahrhundert mit vielen Kunstwerken ausgestattet, unter anderem mit einem Flügelaltar von 1520. Eingerichtet hat die Kapelle der Gelehrte und Kunstsammler Hans von Aufseß, der auch das Germanische Nationalmuseum in Nürnberg gründete. Er wurde als letzter seiner Familie in der Gruft der evangelischen Pfarrkirche im Burghof beigesetzt. Die Burg Unteraufseß ist der Stammsitz des 1114 erstmals genannten gleichnamigen Geschlechtes. im 14. Jahrhundert wurde 1378 Aufseß zu einem Lehen der Burggrafen von Nürnberg. Will man die Burg besichtigen, geht man nach links den Schloßberg hinauf.
Ansonsten läuft man weiter entlang des Baches mit Blauring nach Norden. Etwas nach links versetzt, findet man an der Hausecke des Gasthofs Stern die Markierung wieder. Oberhalb des Gasthofs folgt man dem Wegweiser „Judenfriedhof". Auf dem Brunner Weg geht es bis zu einem Feldweg. Von hier aus hat man einen schönen Blick nach rechts auf die Burg Oberaufseß. Beeindruckend wirkt die Ringmauer mit den Rundtürmen, über die das steile Dach des Wohnbaus aufragt. Der Feldweg führt noch rund 400 Meter weiter auf die Hochfläche. Viele jüdische Friedhöfe wurden auf Anhöhen angelegt, einerseits, weil man hoffte, potentielle Grabschänder würden einen langen Anmarschweg scheuen, andererseits waren Grundstücke auf wenig fruchtbaren Böden und in unattraktiver Lage billiger. Den Friedhof betritt man durch ein schmiedeeisernes Tor; links von ihm liegen ältere Gräber. Die ältesten finden sich im linken oberen Teil des Geländes.
Die Blauring-Markierung weist nun nach Westen durch ein Waldstück bis zu einer Kreuzung. Scharf rechts geht es zum Hugoturm, ein verfallener Aussichtsturm; die Wanderer wechseln hier jedoch nach links auf den IFS-Weg mit der Markierung

Der Judenfriedhof von Aufseß

rotes Dreieck. Dieser wendet sich zunächst nach Westen, dann nach Süden. Das Wegzeichen leitet zusammen mit der Markierung Rotring durch Hochwald bis zur Allee, die zur beherrschend gelegenen Burg Greifenstein führt. Wenn es die Zeit erlaubt, sollte man diesen Sitz der Grafen Stauffenberg besichtigen. Die rechteckige Anlage um zwei Höfe mit dem Bergfried und einem mächtigen Viereckturm ist in ihrem Kern mittelalterlich. Ihr heutiges Erscheinungsbild stammt vom Ende des 17. Jahrhunderts, als der Bamberger Fürstbischof Marquardt Sebastian Schenk von Stauffenberg die Burg nach Plänen Leonhard Dientzenhofers umgestalten ließ. Der Brunnen im Vorhof ist 92 Meter tief. Bischof Marquardt ließ auch einen Park im französischen Stil anlegen. Wer die Burg nicht besichtigen möchte, verläßt die Allee bereits kurz nach einem Gehöft nach rechts. Der Weg nach Heiligenstadt führt steil abwärts durch den Wald. Ab Heiligenstadt hält man sich an den Heinrich-Uhl-Weg, der mit senkrechtem roten Strich markiert ist. Er steigt nahe des südlichen Ortsrandes nach links den Steinweg und dann rechts abbiegend die Straße „Stüchter Berg" steil hinauf. Dann führt er durch schönen Wald am Hang entlang und hinunter zur Schulmühle. Hier biegt man entweder in die Straße nach Siegritz ein und kehrt an den dortigen Parkplatz zurück oder geht im Ort Veilbronn zum Wanderparkplatz bei der Bushaltestelle.

2 Von Muggendorf zum Quackenschloß und zur Weißen Marter

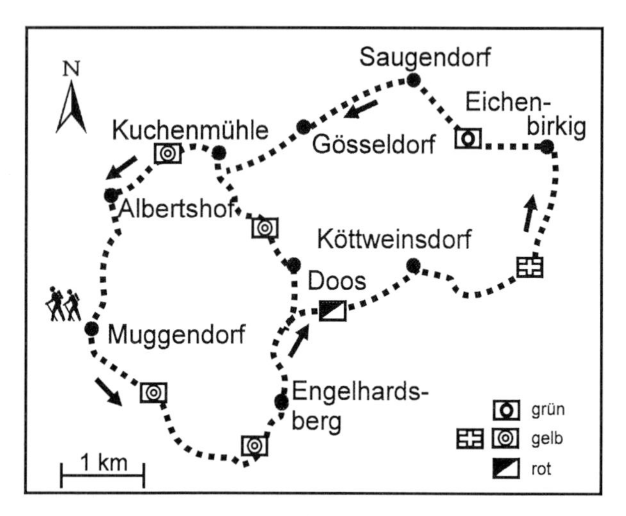

Ausgangspunkt: Muggendorf (Gem. Wiesenttal), P Ortsmitte
Öffentliche Verkehrsmittel: VGN-Bus 232 von und zum Bahnhof Ebermannstadt (Bahnlinie R 22 von Forchheim, dorthin mit R 2 aus Richtung Nürnberg)
Anfahrt Pkw: Muggendorf liegt an der B 470 (siehe „Judenfriedhof bei Aufseß")
Streckenlänge: ca. 20 km, steile Wegstrecken; Abkürzung über Doos möglich, 14 km (ohne Weiße Marter)
Sehenswert: Felsmassiv Quackenschloß, Aussichtsfelsen Adlerstein, ND Riesenburg, Weiße Marter, Burg Rabeneck
Einkehrmöglichkeiten: Engelhardsberg, Köttweinsdorf, Gut Schönhof, Rabeneck, Saugendorf, Kuchenmühle, Muggendorf
Karte: Fritsch-Wanderkarte 65, Naturpark Fränkische Schweiz, Blatt Nord; Fritsch-Wanderkarte 53, Naturpark Fränkische Schweiz, Veldensteiner Forst – Hersbrucker Alb, Blatt Süd; Appelt-Karte Innere Fränkische Schweiz

Als der fromme Metzgermeister Otto Wich aus Kronach im Jahre 1769 von schwerer Krankheit genesen war, erfüllte er ein Gelöbnis. Zu Fuß begab er sich auf den weiten Weg zum Wallfahrtsort Gößweinstein in der Fränkischen Schweiz. Noch eine gute Wegstunde von Ziel entfernt, trat er in der Nähe von Köttweinsdorf aus dem Wald hervor und bekam unversehens am Horizont jenseits des Wiesenttals die Türme der Basilika Gößweinstein zu Gesicht. Der Anblick überwältigte ihn derart, daß er ein neuerliches Gelübde tat. An dieser Stelle wollte er eine Gedenksäule zu Ehren der Heiligen Dreifaltigkeit errichten. So geschah es, und so steht sie noch heute, jene barocke Säule aus hellem Stein, die der Volksmund Weiße Marter nennt. Der Ausblick von ihrem Standort auf der Hochfläche, die von den Taleinschnitten der Wiesent im Westen und des Ailsbaches im Osten begrenzt wird, beeindruckt die Wanderer von heute nicht weniger als den frommen Pilger von einst.
Gestartet zu der rund 20 Kilometer langen reizvollen Berg- und Tal-Rundwanderung wird im Zentrum von Muggendorf. Geführt von der Gelbring-Markierung geht es zunächst von der Hauptstraße weg, am Gasthof Kohlmannsgarten vorbei und parallel zur Bundesstraße 470 und der Museumsbahn-Trasse durch Mischwald. Nach einem steilen Anstieg erreicht man die Felsszenerie des „Quackenschlosses": ein Felsmassiv mit einer auf zwei Seiten offenen Höhle, das man mit einiger Phantasie für eine alte Ruine halten könnte. Dieses beliebte Ausflugsziel hat seinen Namen von „Wacke" oder „Quacke" als Bezeichnung für bröckeliges Gestein.
Eine Legende berichtet von einem jungen Jäger, der bei der Verfolgung eines Hirsches plötzlich vor einem prächtigen Schloß stand. Voller Entzücken trat er durch das Tor in einen Saal, der von Edelsteinen nur so funkelte. Eine wunderschöne Frau auf einem Thron lud ihn zum Bleiben ein. Der Jäger willigte zunächst ein, doch auf die Dauer trauerte er seinem bisherigen Leben im Wald nach. Deshalb wollte er das Feenreich verlassen. Die Feenkönigin aber hatte ihn zu ihrem Gemahl erkoren. Mit seiner Bitte zerstörte er die Idylle: Die Fee brach mit einem Aufschrei ohnmächtig zusammen, und mit einem mächtigen Donnerschlag sank das Schloß in Trümmer. Aus den Rauchwolken bildete sich die Felskulisse, eben das Quacken-

Das Quackenschloß

schloß. Der Jäger wurde tot aufgefunden; noch heute sollen hier Erdgeister spuken.
Wenn man sich auf der Bank beim Felsmassiv ausgeruht hat, folgt man weiter der Gelbring-Markierung in nordöstlicher Richtung und erreicht nach zehn Minuten den 531 Meter hohen Adlerstein. Eine Leiter führt auf den Aussichtsfelsen hinauf. Von dort oben bietet sich ein Blick ins Herz der Fränkischen Schweiz. Am Fuß des Felsens kündet eine Tafel davon, daß Viktor von Scheffel im Jahre 1859 den Adlerstein bestiegen und mit einem Gedicht seiner Bewunderung Ausdruck verliehen hat. Nach wenigen Minuten ist der Ort Engelhardsberg erreicht. Der Gelbring-Weg führt nach Norden weiter zum Naturdenkmal Riesenburg. Die Felsentore und -brücken dieser Versturzhöhle sind vielfach durch Treppenstufen miteinander verbunden. Treppenstufen führen auch hinunter zur Straße im Schottertal, ein Abschnitt des Wiesenttals. Man geht ein Stück auf dieser Straße nach links (Norden) und quert sie dann bei einem Wasserhaus. Hier führt eine Brücke über die Aufseß. Will man nur die kleinere Runde gehen, bleibt man auf dem Gelbring-Weg, der über

Doos ins Aufseßtal führt, und trifft dann bei der Kuchenmühle wieder mit der „großen Runde“ zusammen.
Auf dieser folgt man vor der Straßenkreuzung bei Doos nun bergauf durch Wald der Markierung rotes Dreieck (IFS) nach Köttweinsdorf. Man bleibt am südlichen Ortsrand – sofern man nicht in der Ortsmitte eine Gaststätte aufsuchen will – und verläßt Köttweinsdorf in östlicher Richtung. In wenigen Minuten gelangt man zur Weißen Marter. Der Zahn der Zeit hatte dem Denkstein sehr zugesetzt, so daß er einer Restaurierung bedurfte. Die Aussicht nach Gößweinstein bestätigt die Empfindungen des Metzgers Wich.
Man geht nun mit der Markierung Gelbkreuz nach Nordosten bis zur Straße Oberailsfeld–Köttweinsdorf, dann nach Norden bis Eichenbirkig. Hat man den Ort bis auf die Anhöhe auf der Hauptstraße durchquert, weist ein Schild auf das „Gut Schönhof“ zur Linken hin. Rechts leitet ein Wegweiser „Fußweg Burg Rabeneck“ an einem mächtigen Baum nach links (Westen). Ein knapper Kilometer auf dem bequemen Weg bringt die Wanderer zur Burg Rabeneck, die hoch über der Wiesent auf einem Felsvorsprung thront. Diese Burg gilt als eine der schönsten in der Fränkischen Schweiz. Gegründet wurde sie von den

Die Weiße Marter

Schlüsselbergern und gelangte an verschiedene Familien, darunter die Rabenstein. Schließlich kam auch diese Burg in den Besitz des Fürstbistums Bamberg und seit 1742 in den der Grafen Schönborn. Die Bauten der Burg stammen aus verschiedenen Epochen seit dem 12. Jahrhundert. Am Rand des breiten Halsgrabens wurde auf einem schmalen Felsvorsprung im 15. Jahrhundert die Burgkapelle St. Bartholomäus erbaut; ihr Inneres wurde um 1735 umgestaltet.
Hinunter zur Rabenecker Mühle gelangt man entweder auf einem steilen Pfad vom unteren Burghof aus oder auf dem Weg 7, der vom Grünring-Weg östlich der Burg über den Zeltplatz hinunterzieht. An der Mühle überquert man zunächst die Wiesent auf einer Brücke, dann die Straße. Hier folgt man dem Wegweiser nach Saugendorf mit der Markierung Rotring, die steil den Hang hinauf durch den Wald leitet. Saugendorf wird auf der Hauptstraße durchschritten. Am westlichen Ortsrand bei einem ausgedehnten Damwild-Gehege zeigt ein Wegweiser nach links von der Straße weg Richtung Gösseldorf. Von diesem Ort geht es abwärts zur einsam gelegenen Kuchenmühle im idyllischen Aufseßtal.
Die letzte Etappe folgt wieder der Gelbring-Markierung. Über Albertshof gelangt man zum Ausgangspunkt Muggendorf. Der Ort ist im übrigen auch Station an der Museumsbahn Ebermannstadt–Behringersmühle (DB-Kursbuchstrecke 12821). Der Verein „Dampfbahn Fränkische Schweiz“ läßt an manchen Sonntagen die Züge mit Dampfloks, an anderen mit historischen Dieselloks fahren.

3 Der Orakelbrunnen Sankt Moritz

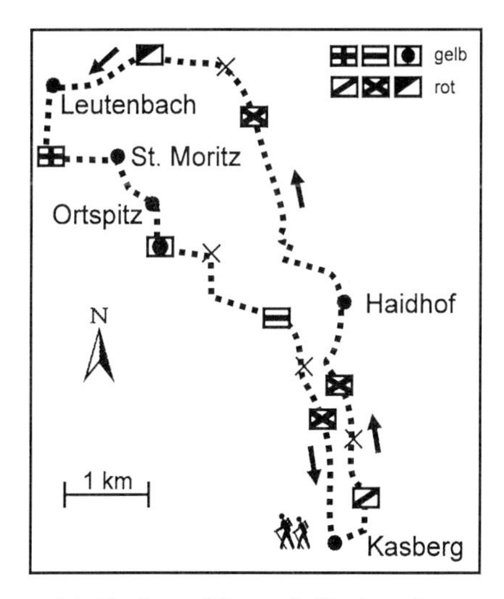

Ausgangspunkt: Kasberg (Gem. Gräfenberg)
Öffentliche Verkehrsmittel: Gräfenberg ist Endstation der Bahnlinie R 21 vom Nordostbahnhof Nürnberg (mit U 2 zu erreichen). Leutenbach: VGN-Bus 223 Forchheim–Gräfenberg (nicht am Wochenende)
Anfahrt Pkw: Kasberg liegt nahe Gräfenberg Richtung Forchheim; Gräfenberg wird von der B 2 tangiert, die hier zwischen der BAB 3 (Anschlußstelle 85, Nürnberg Nord) und der BAB 9 (Anschlußstelle 44, Pegnitz-Grafenwöhr) verläuft.
Weglänge: ca. 16 km, streckenweise steil
Sehenswert: Linde in Kasberg, Orakelbrunnen, Kapelle St. Moritz
Einkehrmöglichkeiten: Leutenbach, Haidhof
Karten: Fritsch-Wanderkarte 53, Naturpark Fränkische Schweiz, Veldensteiner Forst – Hersbrucker Alb, Blatt Süd; Fritsch-Wanderkarte 80, Landkreis Nürnberger Land

Wenige Kilometer von Leutenbach, an der Straße Richtung Hundsboden, liegt rechts ein Parkplatz. Gleich daneben am Waldrand steht der sogenannte Orakelbrunnen St. Moritz, ein kleines Steinhäuschen mit einer gefaßten Quelle und einer Mauritiusfigur. Unweit davon erhebt sich die Moritzkapelle aus dem 15. Jahrhundert.
Zu diesem Orakelbrunnen führt die rund 16 Kilometer lange Wanderung; besonders schön ist sie im Frühling zur Zeit der Baumblüte. Ausgangspunkt ist der Wanderparkplatz bzw. die Bushaltestelle an der Kunigundenlinde in Kasberg bei Gräfenberg. Diese tausendjährige, sagenumrankte Linde ist nur noch eine Baumruine; von stählernen Stützen gehalten, treibt sie dennoch alljährlich Blätter aus. Ihren Namen trägt sie von der heiligen Kunigunde, zu Lebzeiten Gemahlin Kaiser Heinrichs II., die bereits im Schatten dieser Linde verweilt haben soll. Im 14. Jahrhundert diente die Linde als Treffpunkt der Landrichter, die hier ihre Gerichtstage hielten; daher rührt auch der Name „Gerichtslinde". Während der Kriege 1796 bis 1806 schlugen französische Soldaten bei diesem Baum ihr Lager auf. Damals soll auch ein Feuer die Schäden am Stamm der Linde verursacht haben.
Man geht in Kasberg nach Osten und folgt am Ortsrand einem Feldweg nach links (Norden), der mit rotem Schrägstrich markiert ist. Zunächst geht es an Kirschgärten vorbei, dann führt der Weg über freies Feld, bis er auf die Markierung gelber Schrägstrich stößt. Sie bringt die Wanderer zur Straße nach Haidhof. Ein rotes Andreaskreuz ist das nächste Wegzeichen für die Wanderung. Am nördlichen Ortsrand von Haidhof wird die Straße Mittelehrenbach–Thuisbrunn überquert. Man gelangt in einen Laubwald und kann dann mit der Grünring-Markierung einen Abstecher auf den Schloßberg machen. Der Burgsteinfelsen bietet eine Aussicht nach Südosten.
Nun führt der Weg weiter durch schönen Mischwald, immer wieder auch an Kirschgärten vorbei. Die Ortschaft Seidmar bleibt links liegen, dann wird die Straße Leutenbach–Hundshaupten überquert. Das rote Andreaskreuz trifft nach knapp einem Kilometer auf den IFS-Weg mit roten Dreiecken. Diesem Weg folgt man nun durch Wald und Flur in Richtung Westen; dann geht es steil bergab nach Leutenbach. Der Ort liegt von

Kirschgärten umgeben im Tal des Ehrenbaches und wird gegen Westen von den Steilhängen der Ehrenbürg abgeschirmt. (Der Inselberg, dessen Hochfläche von keltischen Wallanlagen umgeben ist, lohnt einen gesonderten Besuch. Der eine der beiden Gipfel, das „Walberla", trägt die um 1300 erbaute Kapelle St. Walburg. Der IFS-Weg führt dort hinauf.)

Leutenbach verläßt man auf der Straße nach Süden Richtung Mittelehrenbach mit den Markierungen Gelbkreuz und Blauring. Sie biegen dann scharf von der Straße nach links (Osten) ab. Der Wanderweg führt durch Felder und Wiesen im Bachtal und dann leicht ansteigend an einem Wasserfall des Moritzbaches vorbei. Hier überquert man den Bach mit Gelbkreuz, folgt dem markierten Weg unterhalb der mauerumwehrten Mauritiuskapelle und erreicht das Brunnenhäuschen Sankt Moritz. Eine naive Holzfigur des Heiligen hält über die gefaßte Quelle Wacht. Ein Gedicht des Geistlichen Rates und Ehrenbürgers von Leutenbach, Pfarrer Dr. Georg Kanzler, ist an der Wand des kleinen Gebäudes angebracht. An ihn erinnern auch Inschriften am Felsen oberhalb des Orakelbrunnens.

Der Orakelbrunnen

Der Quelle sagt die Legende sowohl heilende wie auch prophetische Kräfte nach. Das Wasser darf jedoch nicht getrunken werden, es ist nur zur äußerlichen Anwendung, beispielsweise bei Haut- oder Augenkrankheiten, gedacht. Dabei soll der heilige Mauritius angerufen werden. Auch soll die Quelle Schwerkranken Antwort auf die Frage nach ihrer Lebenserwartung geben können: Wirft man ein Holzstäbchen ins Wasser, und es

schwimmt an der Oberfläche, bedeutet dies baldige Genesung, geht es unter, ist das ein böses Omen. In nahen Ortspitz erzählte man sich früher, daß bei großer Dürre eine Jungfrau den Brunnen leerschöpfen und die Quelle verstopfen solle, damit es wieder regne.
Um wieder zur St.-Moritz-Kapelle zu gelangen, nimmt man nun den Weg auf gleicher Höhe. Einige Stufen führen hinauf zum ummauerten Friedhof. Im Kern stammt die kleine Kirche von 1400; sie wurde im frühen 17. Jahrhundert umgebaut. Ihre Ausstattung aus verschiedenen Epochen ist durchaus sehenswert.
Mauritius war der Überlieferung nach Anführer einer nur aus Christen bestehenden römischen Heereseinheit, der Thebäischen Legion. Um 300 soll er den Märtyrertod erlitten haben. Über dem angeblichen Begräbnisort des Mauritius wurde um 380 eine Basilika erbaut. Aus diesem Wallfahrtsort entwickelte sich das später berühmte St. Moritz im Engadin. Der Heilige gilt unter anderem als Patron der Soldaten und der Pferde.
Man geht nun wieder auf den Bachübergang zu und folgt jenseits des Baches dem Wegweiser bergan zum Dorf Ortspitz. Hier hält man sich weiter an die Markierung Gelbpunkt und überquert zunächst erneut die Straße Mittelehrenbach–Thuisbrunn. Nach rund einem Kilometer verläßt man die Gelbpunkt-Markierung und wendet sich scharf nach rechts auf einen unmarkierten Weg nach Süden. Etwa 500 Meter geht es durch Kirschgärten, dann trifft man auf einen mit Gelbstrich markierten Waldweg. Ihm folgt man zunächst nach Südosten, dann nach Süden. An einer Wegspinne auf der Anhöhe verläßt man auch diese Markierung und setzt den Weg erneut unmarkiert fort. Nach rund 200 Metern folgt man wiederum dem rotem Andreaskreuz. Mit ihm gelangt man dann nach Süden zum Ausgangspunkt Kasberg.
Einfacher, dafür etwas weiter ist die Wegvariante, die gleich ab der Mauritiuskapelle dem Gelbstrich folgt. Man quert ebenfalls die Straße Thuisbrunn–Mittelehrenbach, gelangt über den Hellerichbrunnen in großem Bogen zu der oben genannten Anhöhe und weiter zur Markierung Andreaskreuz.

Südlich von Gräfenberg liegt auf dem Eberhardsberg das Naturdenkmal „Teufelstisch“. Diese skurrile Felsriff ist von Igens-

dorf über den „Obst-Lehrpfad“ zu erreichen, läßt sich aber auch mit der oben beschriebenen Wanderung verbinden. Die Rundstrecke ist 11 Kilometer lang, verläuft überwiegend am Rand der Hochfläche und weist nur einige steilere Abschnitte auf.
Die Sage erklärt, woher der „Teufelstisch“ seinen Namen hat: Ritter Kuno, der Schloßherr zu Gräfenberg, hatte zu einem Zechgelage geladen. Auf dessen Höhepunkt wünschte er sich, einmal mit dem Teufel zu speisen. Der nahm ihn beim Wort und lud ihn zum nahen Eberhardsberg ein. Aus umherliegenden Felstrümmern hatte der Satan einen Tisch geformt und mit Speisen und Getränken aller Art beladen. Dem Ritter kamen nun doch Bedenken, und er schlug über das Mahl das Kreuz. Damit hatte er sich das Leben gerettet, denn der höllische Gastgeber stieß einen fürchterlichen Fluch aus und verschwand, Schwefeldämpfe hinterlassend, in den Lüften. Tatsächlich handelt es sich um ein Schwammkalkriff aus dem Jurameer vor 150 Millionen Jahren.

Der Teufelstisch auf dem Eberhardsberg

4 Der Fraischgrenzweg bei Obertrubach

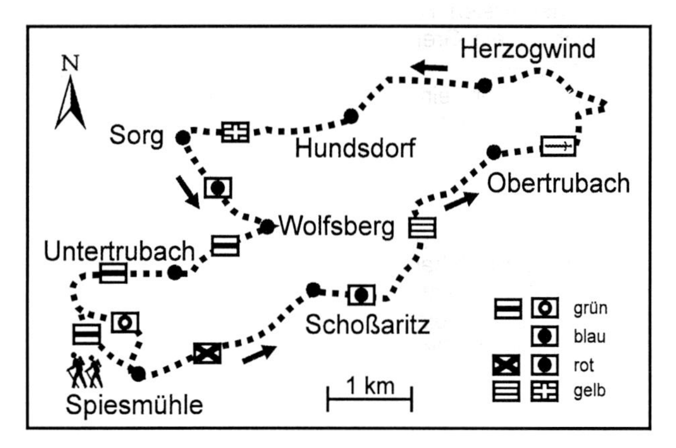

Ausgangspunkt: Spiesmühle (Gem. Gräfenberg)
Anfahrt Pkw: Die B 2 zwischen Nürnberg und Pegnitz zwischen Kemmathen und Kappel nach Norden durchs „Krumme Tal“ Richtung Großenohe verlassen
Weglänge: ca. 20 km; steile Wegstrecken
Sehenswert: Grenzsteine bei Obertrubach; „Signalstein“; Burgruine Wolfsberg, Felsformationen im Trubachtal
Einkehrmöglichkeiten: Obertrubach, Hundsdorf, Wolfsberg, Großenohe
Karten: Fritsch-Wanderkarte 53, Naturpark Fränkische Schweiz, Veldensteiner Forst – Hersbrucker Alb, Blatt Süd; Fritsch-Wanderkarte 80, Landkreis Nürnberger Land; Appelt-Karte Hersbrucker Schweiz

Kaum bekannt ist es, daß Obertrubach im reizvollen Trubachtal in der Fränkischen Schweiz Ausgangspunkt für den heimatgeschichtlich interessanten Fraischgrenzweg ist. Der insgesamt sieben Kilometer lange Weg führt in nordöstliche Richtung bis kurz vor Weidensees. In der hier beschriebenen Wanderung wird nur eine kurze Strecke davon begangen.

Im Jahre 1607 wurde zwischen dem Fürstbistum Bamberg und der Freien Reichsstadt Nürnberg ein Grenzvertrag geschlossen.
Die Grenzen der einstigen fränkischen Kleinstaaten stießen bei Obertrubach zusammen. In einem feierlichen Akt wurden damals entlang der sogenannten Fraischgrenze oder auch Gerichtsbarkeitsgrenze zwischen Obertrubach und Ottenhof Grenzsteine aus Sandstein gesetzt. Die Vorderseite der Steine zeigt das Nürnberger Wappen, die Rückseite trägt das Emblem des Bistums Bamberg. Außerdem sind ein Jagdhorn und ein Schwert zum Zeichen des Wild- und Blutbanns eingemeißelt. Obwohl im Laufe der Jahrhunderte viele der Grenzsteine ausgegraben und gestohlen wurden, so sind heute noch zwölf davon erhalten.

Stein mit Nürnberger Wappen

Ausgangspunkt der 20 Kilometer langen Wanderung ist der Parkplatz zwischen Großenohe und der Spiesmühle. Man hält sich zunächst an das rote Andreaskreuz entlang der „Langen Leite“ und gelangt nach Nordosten zur Straße Hiltpoltstein–Obertrubach, der man bis Schoßaritz folgt. Mit Markierung Blaupunkt geht es vom östlichen Ortsrand leicht bergauf im Wald Richtung Möchs, bis man auf die Gelbstrich-Markierung stößt. Ihr folgt man durch den Wald nach Nordosten und gelangt bergab ins Trubachtal. Der Weg führt hier durch einen idyllischen Talabschnitt links der Trubach an wildromantischen Felsszenerien talaufwärts. Einige Mühlen mit Fachwerkgebäuden säumen den Bach, dann kommt man vorbei an der Trubachquelle nach Obertrubach.
Nun geht es auf dem Fraischgrenzweg weiter. Ausgangspunkt ist die barocke Kirche in Obertrubach. Der erste Grenzstein steht an der Mauerecke am Pfarrer-Griebel-Weg. Der Pfad hat

ein Schwert und die Jahreszahl 1607 als Markierung. Er folgt zunächst der Straße bis zum Marienheim und zweigt dann in östlicher Richtung ab. Nach einem steilen Anstieg ist an der rechten Wegseite ein ziemlich verwitterter Grenzstein zu sehen. Der nächste liegt nur wenige Minuten entfernt etwas im Wald zurückversetzt. Ein weiterer Grenzstein findet sich an der Weggabelung nach Neudorf.
Der Pfad wendet sich nun nach Nordosten in den Hochwald hinein. Wo blaue und schwarze Markierungen auf ihn treffen, verlassen die Wanderer den Fraischweg und wenden sich nach links hinunter ins Pitztal. Der Grenzstein-Weg verläuft noch für weitere knapp fünf Kilometer nach Nordosten. Im Pitztal wandert man mit verschiedenen Markierungen, unter anderem dem roten Herzen des „Therapiewegs“, in westlicher Richtung zur Straße bei Herzogwind. Man geht hinüber in den Ort und von hier ein kurzes Stück nach Westen auf einer Straße auf die Jurahochfläche nach Hundsdorf. Mit der Markierung Gelbkreuz verläßt man den Ort in westlicher Richtung über Felder. Dann geht es bergab durch ein Waldstück. Man quert die Straße nach Wolfsberg und steigt dann durch Mischwald bergauf zum 564 Meter hoch gelegenen Signalstein. Auf den Felsen führt eine Eisenleiter; die Mühe des Aufstiegs wird besonders an klaren Tagen durch einen schönen Ausblick nach drei Seiten über die Höhen der Fränkischen Schweiz belohnt.
Der Name Signalstein kommt von der Überlieferung, daß bei herannahender Gefahr auf dem Plateau der Felsnadel ein Feuer entfacht wurde. Mit diesen signalisierten die Wächter den in der Nähe gelegenen Burgen, daß sie Hilfe benötigten.
Der Weg führt nun mit der Markierung Rotpunkt steil hinunter zur Ruine Wolfsberg, von wo sich ein herrlicher Blick ins Tal der sich stark windenden Trubach bietet. Das Geschlecht Schönfeld-Gößweinstein errichtet hier im 12. Jahrhundert ein befestigtes Haus. Im 19. Jahrhundert wurde die verfallene Burg größtenteils abgetragen; die breit gelagerten Mauerreste sind inzwischen restauriert. Hinunter zum Ort geht es auf einem kurzen Fußweg.
Von Wolfsberg leitet die Blaustrich-Markierung – der Trubachtal-Wanderweg – linksseitig der Trubach talabwärts nach Untertrubach. Weiter geht es auf den Weiler Haselstauden zu;

an einem Umspannhaus steigt man mit Grünpunkt nach links hinauf. Nun kann man wählen, wie man zur Spiesmühle zurückkehrt: anstrengend, dann biegt man nach links weg und muß auf den folgenden 500 Metern einen Höhenunterschied von 100 Metern zu überwinden. Eine Treppen schafft etwas Erleichterung. Man kommt am Kletterfelsen „Fürther Turm“ vorbei und gelangt durch die „Hohle Kirche“ hindurch, einen zwanzig Meter langen Tunnel zur Felsbastion des „Burggrafen“. Der Name dieser Felsformation wird auf eine vor Jahrhunderten verfallenen Burg zurückgeführt, die einst dem Burggrafen von Leuchtenberg gehörte. Hier hat man einen schönen Ausblick übers Trubachtal. Das letzte Stück geht es nach Südwesten hinunter zum Parkplatz. Wenn man es dagegen gemächlich mag, dann bleibt man mit Grünstrich auf dem Sträßchen am Hangfuß, stets den Bach zur Linken, und erreicht so nach rund 1,5 Kilometern die Spiesmühle.

5 Die Petershöhle bei Hartenstein

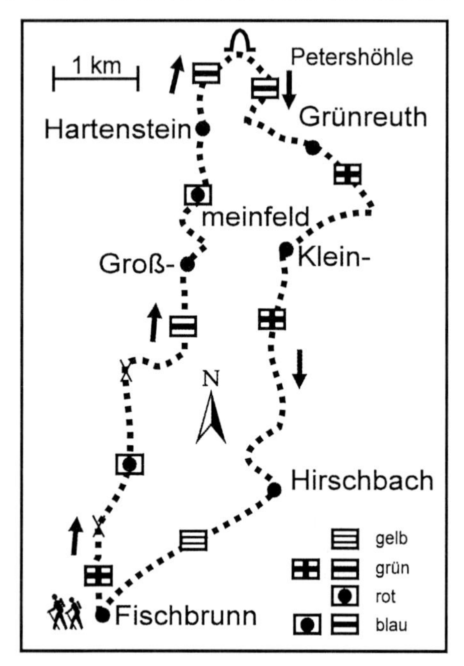

Ausgangspunkt: Fischbrunn (Gem. Pommelsbrunn)
Öffentliche Verkehrsmittel: VGN-Bus 446 vom und zum Bahnhof Hersbruck rechts der Pegnitz (Bahnlinie R 3)
Anfahrt Pkw: Das Hirschbachtal ist ein Seitental des Pegnitztals. Von der B 14 östlich Hersbruck geht es in Hohenstadt nach Norden bis Eschenbach, dann nordöstlich Richtung Hirschbach.
Weglänge: ca. 18 km; mehrere steile Abschnitte
Sehenswert: Hartenstein, Petershöhle
Einkehrmöglichkeiten: Hartenstein, Hirschbach, Fischbrunn
Karten: Fritsch-Wanderkarte 53, Naturpark Fränkische Schweiz, Veldensteiner Forst – Hersbrucker Alb, Blatt Süd; Fritsch-Wanderkarte 80, Landkreis Nürnberger Land; Appelt-Karte Hersbrucker Schweiz

Als im Sommer 1914 zwei Wanderer, Vater und Sohn namens Peters, das Felsengewirr nördlich von Hartenstein in der Hersbrucker Schweiz durchstreiften, erregte eine unscheinbare halbrunde Öffnung im Gestein ihre Aufmerksamkeit. Daß sie auf die Pforte einer wahren Schatzkammer gestoßen waren, ahnten sie nicht, auch dann noch nicht, als sie weiter in die Dunkelheit vordrangen und auf ein mächtiges Tierskelett stießen. Aber schon bald darauf machte die systematische Erkundung der neuentdeckten Höhle durch die Naturhistorische Gesellschaft Nürnberg und ihren Konservator Dr. Konrad Hörmann offenkundig, welchen Wert der Fund für das Wissen um die Vergangenheit hatte.

Als Schmankerl steht sie am Ziel eines Wandervorschlags, der besonders in die Frühjahrs- oder Herbstzeit paßt, wenn nicht das Laub die steil aufragenden Felsen verbirgt. Ausgangspunkt ist Fischbrunn im Hirschbachtal. Von dem 150-Einwohner-Ort aus muß man sich zunächst ein kurzes Stück an die Straße in Richtung Hirschbach halten, ehe die Markierung Grünkreuz nach links (Norden) abbiegt. Hier wird der Weg ziemlich steil, bis die Hochfläche und auf ihr der sogenannte Korbmachersteig erreicht ist. Diesem mit Rotpunkt gekennzeichneten Weg folgt man für rund zwei Kilometer. Dann wechselt am Lohhügel die Markierung und führt mit Grünpunkt/Grünstrich am „Windloch“ – einer steil abfallenden Höhle – vorbei zum Naturdenkmal „Schlangenfichte“, die als botanische Rarität gilt. Der Baum mit den skurril geformten Ästen hat inzwischen seinen Wipfel verloren. Von hier aus geht es weiter nach Norden bis Großmeinfeld. Hier trifft man die Markierung

Die Schlangenfichte

Rotpunkt wieder und läßt sich von ihr durch Feldfluren und Wälder nach Hartenstein leiten.
Über dem Kirchdorf ragt die Ruine einer spätmittelalterlichen Burg auf, die im 17. Jahrhundert zur Festung ausgebaut wurde. Um 1800 wurde sie auf Abbruch verkauft. Die Reste sind heute in Privatbesitz und nicht zu besichtigen. Entschädigt werden Wanderer zumindest an klaren Tagen durch eine herrliche Fernsicht ins Umland. Zur Petershöhle als Höhepunkt der Wanderung geht es nordwärts im Ort zunächst zur Jugendherberge und an ihr vorbei mit der Markierung Blaupunkt und dann Blaustrich durch den Wald. Der Weg verläuft im letzten Abschnitt unterhalb hoch aufragender Felstürme einen Hang hinauf – hier sind auch vereinzelt Stufen angelegt – bis zu einer Informationstafel über die Höhle. Ihr Eingang liegt auf der anderen Hangseite auf 491 Meter ü. NN; man muß dorthin ein kurzes Stück hinunterklettern. Nach der Entdeckung der Höhle wurde der Eingang hier freigelegt und ein Vorplatz geschaffen.
Ungewöhnlich an der Höhle, die sich als ein weitverzweigtes System von Gängen und Kammern entpuppte, war nicht nur ihre Höhenlage 182 Meter über dem Wasserspiegel der Pegnitz.

Die Petershöhle

Nachgerade aufregend für die Forscherteams, die fortan Schicht um Schicht den Gesteinsschutt durchsuchten, war die Fülle der Zeugnisse aus der Epoche der Würm-Eiszeit, 90 000 Jahre vor unserer Zeitrechnung.
Die Überreste von vielen hundert Höhlenbären fanden sich sowie die Knochen von Rhinozeros, Höhlenlöwe, Bison, Rentier und Wolf. Vor allem aber stieß man auf primitive Steinwerkzeuge, Spuren von Feuerstellen und andere Hinweise darauf, daß Menschen während der Altsteinzeit – im Moustérien vor etwa 80 000 Jahren – diese Höhle nutzten. Mehrere in Steinkisten beigesetzte Bärenschädel deuten auf eine Kultstätte hin.
Lange Jahre wurde in der Petershöhle, wie sie nach ihren Entdeckern benannt wurde, immer aufs neue geforscht. Heute ist sie auf einer Länge von rund 70 Metern für alle Wanderer begehbar, die mit einer leistungsfähigen Lichtquelle und möglichst auch einem Schutzhelm versehen sind.
Nach dem Höhlenbesuch wandert man mit der Markierung Blaustrich, bis östlich von Hartenstein die Grünkreuz-Markierung von Neuhaus her hinzukommt. Ihr folgt man nach Grünreuth, zunächst in östlicher Richtung ein Stück auf der Straße, die man unterhalb der „Hasenleite“ verläßt. Die Strecke erschließt neue Landschaftsbilder. Nach einem 90-Grad-Schwenk durch Kleinmeinfeld und schließlich nach Süden durch Loch führt sie hinunter nach Hirschbach. Von hier aus stehen mehrere Rückweg-Varianten zur Auswahl: ganz gemächlich links entlang des Hirschbaches mit den Markierungen Gelbstrich oder anspruchsvoll und schweißtreibend über den örtlichen Rundweg 2 und anschließend Grünkreuz über Berg und Tal.

6 Auf den Spuren Schweppermanns

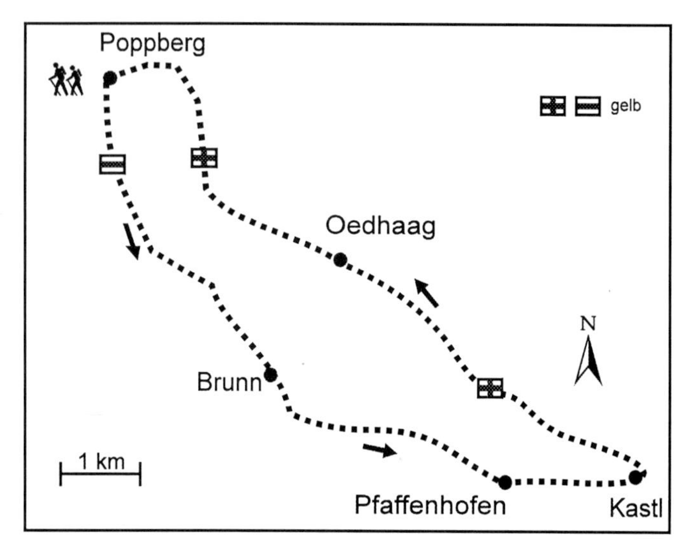

Ausgangspunkt: Poppberg (Gem. Birgland), Kirche
Öffentliche Verkehrsmittel: VGN-Bus 424 von Sulzbach-Rosenberg Bahnhof (Bahnlinie R 4 von Nürnberg), nicht am Wochenende
Anfahrt Pkw: Poppberg liegt unmittelbar neben der BAB 6 zwischen den Anschlußstellen 63 (Alfeld) und 64 (Sulzbach-Rosenberg). Man muß in Alfeld bzw. in Schwend nach Poppberg abbiegen.
Weglänge: ca. 20 km, streckenweise steil
Sehenswert: Ruine der Schweppermannsburg in Pfaffenhofen, Klosterkirche in Kastl
Einkehrmöglichkeiten: Kastl, Oedhaag, Poppberg
Karte: Fritsch-Wanderkarte 80, Landkreis Nürnberger Land

In einen an Franken unmittelbar angrenzenden Teil der Oberpfalz führt diese Wanderung. Seyfried Schweppermann, Nürn-

berger Feldhauptmann, geboren auf Burg Dietrichstein bei Nattershofen (heute Ortsteil von Lauterhofen im Landkreis Neumarkt i. d. OPf.), stand im Dienst Kaiser Ludwigs des Bayern. Im Streit zwischen diesem Wittelsbacher und dem Habsburger Gegenkönig Friedrich dem Schönen kam es im Jahr 1322 bei Mühldorf zur Schlacht. Obwohl Friedrichs Heer zahlenmäßig stärker war, wurde es durch die Mithilfe Schweppermanns von Ludwig geschlagen.
Die Überlieferung weiter: Als am Abend nach der Schlacht das Essen knapp gewesen sei, habe Ludwig eine kleine Bevorzugung Schweppermanns gegenüber dem Heer befohlen, indem er den später bekannt gewordenen Ausspruch tat: „Jedem Mann ein Ei, dem wackeren Schweppermann zwei“.
Im Jahre 1337 starb der Ritter Schweppermann auf Schloß Deinschwang (ebenfalls heute Ortsteil von Lauterhofen) in den Armen seines Sohnes Hartung. Begraben wurde Schweppermann in der Klosterkirche zu Kastl. In einer Vorhalle der Kirche erinnert eine Ehrentumba, gekrönt von zwei steinernen Eiern, an den alten Kämpen.

Das Schweppermanngrab

Ausgangspunkt dieser 20 Kilometer langen Wanderung ist Poppberg. Vom Ort aus bietet sich eine weite Sicht zu den Hügelketten des Oberpfälzer Juras. Früher hatte man den besseren Ausblick vom nahegelegenen Poppberg; sie ist jedoch inzwischen durch Bäume verstellt. Der Poppberg (657 m) gilt als der höchste Punkt der Frankenalb. Gekrönt wird er von der Ruine einer Burg, die im 13. Jahrhundert von den Grafen von Sulzbach er-

richtet wurde und im 15. Jahrhundert verfiel. Poppberg liegt im Verlauf der „Europäische Hauptwasserscheide". Das Regenwasser von der südlichen Dachseite der Martin-Luther-Kirche soll der Donau, das von der nördlichen dem Rhein zufließen.
Mit der Markierung Gelbstrich verläßt man Poppberg nach Westen. Auf der Straße geht es zum Ortsrand, bei der Markierung am Laternenpfahl biegt die Route scharf nach links auf einem Feldweg in Richtung Süden zur Autobahn. Sie wird überquert; danach führt ein Weg zum zwei Kilometer entfernten Ort Matzenhof. Wo der Weg auf die Straße stößt, geht man nach links in den Ort hinein. Die Hauptstraße überquert man und verläßt Matzenhof in östliche Richtung, vorbei an einer großen Buche mit einer Bank davor. Kurz nachdem die Hochspannungsleitung den Weg gekreuzt hat, biegt man nach links, geht am Waldrand entlang, wieder links und hält sich dann ständig rechts. Nach einer Senke gabelt sich der Weg. Man nimmt den linken und kommt bald nach Niesaß. Am Weiler entlang gelangt man zu einem Sträßchen, auf dem man nach links bis Brunn geht. Hier trifft man auf das Lauterachtal. Der Bach wird überschritten, und man folgt dem Wegweiser „Fischermühle". Ab der Hansmühle begleitet auch die Markierung des Neumarkter Radrundwegs 10 die Wanderer.
Sie laufen durch das idyllische Tal vorbei an mehreren Mühlen bis Pfaffenhofen, streckenweise auf dem wenig befahrenen Sträßchen, streckenweise auf der Trasse der stillgelegten Bahnlinie.
Pfaffenhofen wird überragt vom Bergfried der früheren Schweppermannsburg auf steilem Felsen. Man überquert die Hauptstraße und steigt auf einem steilen Sträßchen zur Burgruine empor.
Die Schweppermannsburg wurde Ende des 11. Jahrhunderts als ehemalige Lehensburg der Grafen von Kastl erbaut. Die Familie Schweppermann lebte hier von 1330 bis 1353. Im Dreißigjährigen Krieg wurde die Burg 1633 von den Schweden teilweise zerstört. Heute werden die Überreste von der Sektion Amberg des Deutschen Alpenvereins genutzt. Nach einer kurzen Besichtigung führt ein Weg oberhalb der B 299 ins nahe Kastl.

Die Wanderer gehen nun auf dem Klosterberg den letzten Spuren Schweppermanns nach. Hoch über dem Lauterachtal steht die frühere Klosterkirche, die seit 1808 als Pfarrkirche dient. Im Jahre 1090 wurde aus einer Burg eine Benediktinerabtei geschaffen, die Stifter waren die Grafen von Sulzbach-Kastl und Kastl-Habsberg. Die Klosterkirche von 1129 ist überwiegend romanisch; in den beiden Seitenschiffen blieb noch altes gotisches Chorgestühl erhalten. Ein gemalter Fries mit 69 Wappen der adeligen Stifter und Gönner des Klosters über den Arkaden des Mittelschiffs wurde 1906 wiederhergestellt. In der gotischen Vorhalle befindet sich neben anderen Grabdenkmälern, auch das des weithin bekannten Heerführers Seyfried Schweppermann mit einem klassizistischen Aufsatz. Die Gebäude des früheren Klosters beherbergen seit 1958 das Ungarische Gymnasium. Viele Familien aus Ungarn, die in Westeuropa leben, schickten ihre Kinder in dieses Internat.

Auf dem neun Kilometer langen Rückweg nach Poppberg folgt man der Markierung Gelbkreuz nach Nordwesten. Es geht zunächst durch den „Bärnhaag". Etwa auf halber Strecke erreicht man den Weiler Oedhaag mit dem Gasthaus Waldlust und seinem schattigen Garten. Man kreuzt die Straße nach Sulzbach-Rosenberg, muß noch zum Hainzenberg hinauf und quert auf der Straße nach Schwend die Autobahn, bevor man den Ausgangspunkt der Wanderung erreicht.

7 Der „Klingende Wasserfall“ bei Haimendorf

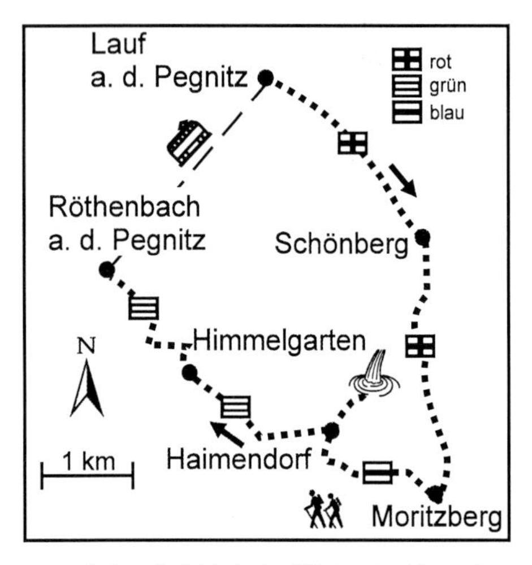

Ausgangspunkt: Lauf, S-Bahnhof links der Pegnitz
Öffentliche Verkehrsmittel: S 1 von Nürnberg, R 4 /R 41 von Osten her
Anfahrt Pkw: Lauf liegt an der B 14 östlich von Nürnberg und der BAB 9 (Anschlußstelle 50, Lauf Süd), der S-Bahnhof Lauf links ist auch über die Staatsstraße Nürnberg–Röthenbach/Pegnitz zu erreichen.
Weglänge: ca. 12 bis 15 km, streckenweise steil
Sehenswert: Moritzbergkapelle, Schloß in Haimendorf, Klingender Wasserfall
Einkehrmöglichkeiten: Schönberg, Moritzberg, Haimendorf, Lauf
Karten: Fritsch-Wanderkarte 80, Landkreis Nürnberger Land

Unweit von Haimendorf am Fuß des Moritzberges kann man bei andauerndem Frost den sogenannten Klingenden Wasserfall bestaunen. Das eisige Naturphänomen liegt nordöstlich von

Haimendorf in der vom Wald umgebenen Hüttenbachschlucht. Der Name des Eisgebildes soll davon herrühren, daß die Eiszapfen vom übrigen Wasser zum Klingen gebracht werden.
Die rund 12 Kilometer Rundwanderung zu diesem Naturwunder beginnt in Lauf an der Pegnitz am S-Bahnhof Lauf links. Vor dem Bahnhofsgebäude wendet man sich nach rechts und sieht das erste Markierungszeichen Rotes Kreuz. Entlang der Weigmannstraße, durch die Bahnunterführung und weiter auf der Waldstraße geht es sowie unter der Autobahn hindurch. Dann weist die Markierung linker Hand in den Wald. Weiter mit Rotkreuz einem Forstweg folgend, gibt nach einigen Kilometern der Wald den Blick auf Schönberg mit seiner Kirche frei.
Die St.-Jakobs-Kirche geht auf die Kapelle einer Burg aus dem 13. Jahrhundert zurück. Ein Rundturm aus dem 16. Jahrhundert erinnert an die Burg, die 1899 abgebrochen wurde. Aus ihren Steinen erbaute man anschließend die jetzige Kirche. Weiter der Rotkreuz-Markierung folgend, verläßt man Schönberg, vorbei am Gasthaus Rotes Roß. Über Feld und Flur geht es zunächst leicht ansteigend, dann immer steiler, auf den 603 Meter hohen Gipfel des Moritzberges. Eine Kapelle, eine Gaststätte – das einst von einem Einsiedler bewohnte „Bruderhaus" – und ein Aussichtsturm stehen hier oben.
Ursprünglich hieß der Moritzberg Leinberg nach dem Ort Leinburg. 1419 stiftete der Nürnberger Patrizier Herdegen Valzner eine Kapelle auf dem Berg zu Ehren des heiligen Mauritius. Er gilt auch als Schutzpatron für hufkranke Pferde, deshalb wurden früher Hufeisen an die Kapellentüre genagelt (siehe auch „Orakelbrunnen St. Moritz"). Nach dem Aussterben der Familie Valzner kam die Kapelle an die noch heute lebende Familie Fürer, einst Nürnberger Patrizier mit einem Sitz in Haimendorf. Epitaphien der Fürer sind in der Moritzbergkapelle zu sehen, doch ist diese nur an wenigen Tagen im Jahr geöffnet.
König Ludwig I. von Bayern soll im 19. Jahrhundert die Absicht gehabt haben, ein monumentales Nationaldenkmal auf dem Moritzberg errichten zu lassen. Den Aussichtsturm dagegen erbaute der „Verschönerungsverein Moritzberg und Umgebung" auf einem Grundstück der Familie Fürer 1911 und erhöhte ihn 1964. Umgeben ist er von einem schönen Buchenwald.

Die Wanderung setzt sich nun talwärts fort. Man hält sich an die Markierung Blaustrich, die zwischen Haimendorf und Rockenbrunn auf den Grünstrich-Weg stößt. Die Wanderer wenden sich nach rechts, Haimendorf zu. Am nördlichen Ortsrand weist eine Tafel auf das Naturdenkmal Klingender Wasserfall hin, der rund 300 Meter entfernt liegt. Die Rhätsandstein-Schlucht des Hüttenbaches bietet Einblick in die geologische Schichtung des anstehenden Gesteins. Der Wasserfall, der hier bei Plustemperaturen über drei Stufen von insgesamt viereinhalb Metern Höhe hinabstürzt, erstarrt bei Frost und bildet dann bizarre Eisformen.

Der Klingende Wasserfall

Man muß wieder zurück nach Haimendorf; dabei sollte man noch einen Blick auf das Stammschloß der Freiherren Fürer von Haimendorf werfen (mit Grünstrich-Weg einige Meter nach Westen). Der heutige Bau stammt vom Ende des 16. Jahrhunderts; bemerkenswert sind die Wehranlagen mit Wall und Graben. Die Familie von Fürer trug im Laufe von Jahrhunderten auch zur künstlerischen Bereicherung Nürnbergs bei. So stattete sie die

Kirchen St. Lorenz, St. Sebaldus und St. Egidien mit Kunstwerken aus.
Die Grünstrich-Markierung bringt die Wanderer über die „Grüne Au“ zum Weiler Himmelgarten. Die Herren Fürer von Haimendorf besaßen hier ein „Bauernschlößchen“; es war im 17. Jahrhundert „Musensitz“ des Pegnesischen Blumenordens, einer literarischen Gesellschaft in Nürnberg.
Mit Grünstrich überschreitet man die Autobahn, hält sich nach der Brücke rechts und gelangt zum S-Bahnhof Röthenbach-Seespitze. Von hier aus kann man direkt nach Hause zurückkehren oder nach Lauf links zurückfahren. Zu Fuß geht es auf dem ebenen Alten Röthenbacher Weg zurück; er verläuft südlich der Bahnlinie bis zum Haltepunkt Lauf West. Durch die Christof-Treu-Straße kommt man neben der Bahnlinie zum Ausgangspunkt (weitere 2,5 km).

8 Durchs untere Schwarzachtal

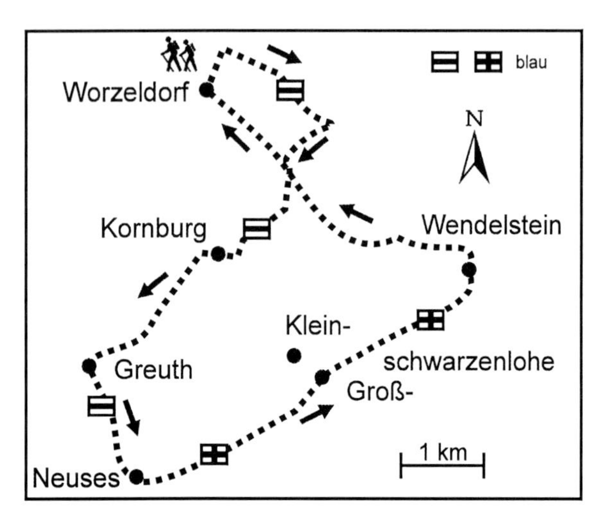

Ausgangspunkt: Worzeldorf (Stadt Nürnberg), Hauptstraße
Öffentliche Verkehrsmittel: VGN-Bus 51 von Nürnberg, Frankenstraße (U 1), 52 und 53 von Langwasser Mitte (U 1/11)
Anfahrt Pkw: Entweder von der B 2 südlich der BAB 6 die Ausfahrt Wendelstein nehmen und dann über Kornburg nach Worzeldorf oder von der BAB 73 die Ausfahrt Nürnberg-Zollhaus (34) und direkt nach Worzeldorf fahren
Weglänge: rund 17 km; überwiegend eben, leichte Steigungen
Sehenswert: Rieterkirche und Schloß in Kornburg, (Rieterkirche in Kleinschwarzenlohe), Turmhaus in Sorg, Ortsbild von Wendelstein
Einkehrmöglichkeiten: Wendelstein, Worzeldorf
Karte: Fritsch-Wanderkarte 75, Nürnberg–Fränkisches Seenland

Die Wanderung führt in die südlichen, geschichtsträchtigen Randzonen Nürnbergs und ins untere Schwarzachtal. Der ungefähr 17 Kilometer lange Rundweg beginnt in Worzeldorf am

alten Ludwigs-Donau-Main-Kanal und tangiert auch den neuen Main-Donau-Kanal.
Vom nördlichen Ortsrand führt die Blaustrich-Markierung über Waldhöhen und an Quarzit-Steinbrüchen vorbei zum Glasersberg hinauf. Schluchten und schroffe Felsen machen den Glasersberg zum beliebten Ausflugsziel. Jahrhundertelang wurde hier der harte Quarzitstein gebrochen, den man auch für viele der alten Nürnberger Bauten verwendete.
Nun verläuft der Weg weiter mit Blaustrich-Markierung hinab zum alten Kanal, der auf einer Brücke überquert wird. Kurz vor der BAB 6 Nürnberg–Heilbronn wird nach Südwesten abgebogen. Bald gelangt man nach Kornburg. Der geschichtsträchtige Ort liegt an einem alten Handelsweg, der sogenannten „Venetianerstraße". Sehenswert ist die evangelische St.-Nikolaus-Kirche im Markgrafenstil, 1740 an der Stelle einer mittelalterlichen Anlage errichtet. Ihr hoher Spitzturm schaut weit ins Land. Mit dieser Kirche war die Familie Rieter eng verbunden, denn sie diente ihr als Begräbnisstätte. Über der Rietergruft hängt ein 1747 gemaltes Ölporträt des letzten Rieter.
Das Schloß, eine ehemalige Wasserburg, kam 1447 an die Rieter, die es über dreihundert Jahre lang in Besitz hatten. Im einstigen Rittersaal befinden sich über hundert Wappen von Familien, die mit den Rieter verwandt waren. Die ursprüngliche Anlage vom Ende des 13. Jahrhunderts wurde 1686 durch einen Neubau ersetzt; nach einer Zeit des Verfalls wurde das Schloß 1923 wieder hergestellt.
Ein enges Verhältnis hatte die Familie Rieter zu Nürnberg; als das Geschlecht ausstarb, gelangte der Besitz an das Heilig-Geist-Spital in Nürnberg. Seit 1812 ist das Schloß in Privatbesitz; es kann nicht besichtigt werden.
Geht man weiter durch Kornburg, gelangt man zum Hirschdenkmal vor dem Heimatmuseum. Auf einer hohen Steinsäule thront ein steinerner Hirsch mit echtem Geweih, und die Inschrift berichtet über ein Jagdereignis: „Der durchlauchtigste Fürst und Herr, Herr Wilhelm Friedrich Markgraf zu Brandenburg, Herzog in Preußen und auch zu Mecklenburg, Burggraf zu Nürnberg, haben einen Hirsch von zehn Enden uff der par force Jagt bei Reichelsdorff durch die Rednitz, dann durch die Kornburger Mögeldorffer und Fischbacher Wildfuhr, von dannen wie-

derum zurück bis Kornburg in den Flecken forcieret und uff diesen Platz dreieinviertel Stunden mit vierzig Hunden erlegt. So geschehen am 3. November anno 1712."

Die Blaustrich-Markierung verläßt Kornburg in südwestlicher Richtung. Der Weg verläuft durch Wald und Flur, biegt im Ort Greuth nach Süden und unterquert die Autobahn. In Neuses erreicht man nun das Schwarzachtal, das von einer mächtigen Trogbrücke des Main-Donau-Kanals überspannt wird.

Man hält sich jetzt an die Blaukreuz-Markierung, mit der es durch den Wald talaufwärts geht. Vorbei an der Erichmühle läuft man auf Großschwarzenlohe zu; von der Höhe des jenseitigen Schwarzachufers grüßt die Turmspitze der Allerheiligenkirche von Kleinschwarzenlohe herüber. Will man auch diese Rieter-Kirche noch besichtigen, muß man einen Abstecher machen und bei der Erichmühle nach links die Schwarzach überqueren.

Das Innere der evangelischen Pfarrkirche bietet eine Vielfalt sakraler Kunstschätze; einst diente auch sie als Grablege der Rieter. Die Patrizierfamilie ließ die Kirche vom Ende des 15. Jahrhunderts um 1600 um-

Das Hirschdenkmal

fassend erneuern. Bemerkenswert ist der spätgotische Flügelaltar aus der Werkstatt Tilman Riemenschneiders und weitere qualitätvolle Altäre sowie ein Grabstein des Philipp Rieter (1635) mit der Relieffigur des Verstorbenen.
Talaufwärts geht es weiter durch Großschwarzenlohe und nach Sorg. Der sonderbare Name soll daher rühren, daß die früheren Besitzer des Zainhammers immer in „Sorge“ waren, aus dem markgräflichen Süden angegriffen zu werden. Eine Besonderheit Sorgs stellt das sogenannte Turmhaus dar.
Die Wanderung setzt sich im Talgrund fort, und nach kurzer Zeit ist der Markt Wendelstein erreicht. Das Ortsbild wird von Fachwerk- und Sandsteinhäusern geprägt; Wahrzeichen Wendelsteins ist der Brunnen am Markt. Imposant steht die evangelische Pfarrkirche St. Georg mauerumgeben auf der Höhe; die Grabkapelle der heiligen Achahildis war vor der Reformation ein beliebtes Wallfahrtsziel. Spätgotisch sind ein Sakramentshäuschen und der Flügelaltar. Die erste Frau von Hans Sachs, mit der er 41 Jahre verheiratet war, stammte aus Wendelstein.
Der Rückweg hält sich an den alten Ludwigskanal, dessen ehemaligem Treidelpfad man nach Westen folgt, bis der Ausgangspunkt Worzeldorf erreicht ist.
Unter dem bayerischen König Ludwig I. wurde zwischen 1836 und 1846 die nach ihm benannte Wasserstraße als Verbindung zwischen Main (und damit Rhein) und Donau gebaut. Die Schiffe hatten auf den „47 Stunden“ langen Strecke von gut 177 Kilometern Länge zwischen Bamberg und Kelheim 100 Schleusen zu bewältigen. Typisch sind die Schleusenwärterhäuschen, die nach Plänen des berühmten Baumeisters Leo von Klenze erbaut wurden. Mit dem Aufkommen der Eisenbahn war der Ludwig-Donau-Main-Kanal schon bald nicht mehr wirtschaftlich. Nach Zerstörungen im Zweiten Weltkrieg wurde er 1950 auch offiziell aufgelassen. Schon seit dem Ende des 19. Jahrhunderts bestanden Planungen für eine neue Wasserstraße; verwirklicht wurde sie mit dem Main-Donau-Kanal, der 1992 endgültig fertiggestellt war.

9 Archäologischer Wanderpfad Thalmässing

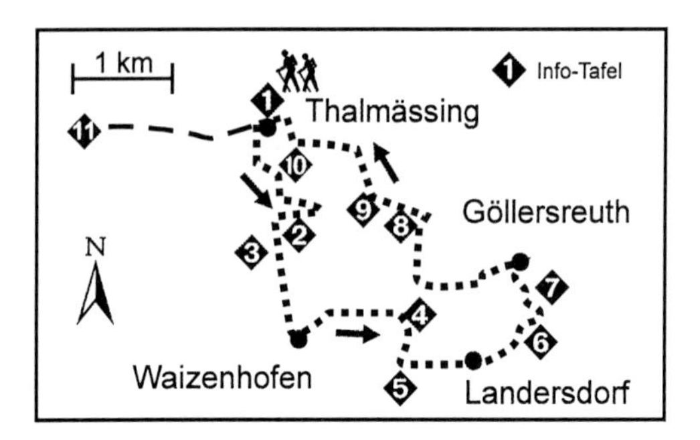

Ausgangspunkt: Thalmässing, Archäologisches Museum am Marktplatz (P)
Öffentliche Verkehrsmittel: VGN-Bus 611 von und zum Bahnhof Hilpoltstein (VGN-Bahnlinie R 61 von Roth aus an der VGN-Linie 6)
Anfahrt Pkw: Entweder von der B 2 Schwabach–Weißenburg nach Röttenbach in östlicher Richtung abbiegen (Liebenstadt–Heideck–Alfershausen) oder die BAB 9 Nürnberg–München an der Anschlußstelle Hilpoltstein (56) verlassen und über Pyras–Eysölden nach Thalmässing fahren
Weglänge: ca. 16 km, mehrere Steigungen
Sehenswert: Museum in Thalmässing, Stationen am Lehrpfad
Einkehrmöglichkeiten: Thalmässing
Karten: Naturpark Altmühltal, Mittlerer und östlicher Teil (Bay. Landesvermessungsamt); örtliche Karte „Archäologischer Wanderpfad“

Selten ist eine Landschaft auf kleinstem Raume so übersät mit archäologischen Bodendenkmälern wie die Gegend um Thalmässing. Mit der Einrichtung eines Vor- und frühgeschichtlichen Museums und eines archäologischen Wanderwegs, der zu den Fundplätzen der Ausstellungsstücke führt, ist eine eindrucksvolle Kombination gelungen.

Im ehemaligen Rathaus wurde 1990 das vom Landkreis Roth in Zusammenarbeit mit der Naturhistorischen Gesellschaft Nürnberg eingerichtete Museum eröffnet. Es stellt die Vor- und Frühgeschichte der Gegend von Thalmässing dar, die seit über 100 Jahren Laien und Wissenschaftlern anzieht. Es ist sinnvoll, zunächst das Museum und dann die Fundorte in der Natur zu besuchen.
Die ältesten Ausstellungsstücke stammen von nomadisierenden Jägergruppen, die in der mittleren Steinzeit (8000–5000 v. Chr.) hier umherstreiften. Aus der Jungsteinzeit ist vor allem der Hintere Berg bei Landersdorf vertreten, auf dem sich eine Abschnittsbefestigung der Chamer Gruppe (um 2500 v. Chr.) befand. Ein schnurkeramisches Grab aus Landersdorf konnte im Block mit den umgebenden Erdschichten geborgen werden.
Die Funde der Bronzezeit kommen aus den zahlreichen Grabhügeln der Umgebung, unter denen jene vom Waizenhofener Espan zu den größten Nekropolen Mittelfrankens zählt.
Im Mittelpunkt steht das hallstattzeitliche Gräberfeld von Landersdorf, das 1983 bis 1986 ausgegraben wurde. Wie ein Grabhügel innen aussah, wird recht eindrucksvoll in der Rekonstruktion einer Grabkammer gezeigt, in der eine Dame in ihrer Festtagstracht beigesetzt war. Aus diesem Gräberfeld, das bis in die Frühlatènezeit als Bestattungsplatz diente, stammt auch eine frühkeltische Anhänger mit einem Stierpaar. Der Rundgang im Museum endet mit dem Reihengräberfeld des 6./7. Jahrhunderts von Thalmässing.

Das Stierpaar von Landersdorf

Ausgangspunkt der Wanderung ist das Museum am Marktplatz. Schräg gegenüber beginnt in der Ringstraße der Archäologi-

sche Wanderweg (AW), markiert mit dem Symbol eines Doppelhenkelgefäßes. Die gesamte Strecke ist gut ausgeschildert und in vier bis fünf Stunden – je nach Aufenthalt am Objekt – zu bewältigen (reine Gehzeit 3 1/4 Stunden). Mit einer Länge von 16 Kilometern führt der Archäologische Wanderweg in einer reizvollen Landschaft über Berge und Hänge des Jurarandes. An den zehn Stationen informieren Schautafeln über das jeweilige archäologische Denkmal.
Zunächst geht es nach Süden und dann nach Südosten hinauf zur Albhochfläche. An einem nicht näher erläuterten Burgstall wendet sich der Weg nach Südwesten, auf den Waizenhofener Espan. Hier befindet sich eine vorgeschichtliche Abschnittsbefestigung (Station 2). Die stark verflachte Anlage könnte aufgrund von Oberflächenfunden in die späte Urnenfelderzeit (9. Jh. v. Chr.) gehören oder aber mit dem in Sichtweite liegenden Grabhügelfeld der Bronze- und Hallstattzeit zusammenhängen. Inmitten dieser Nekropole mit 35 Hügeln (Station 3) wird ein Hügel der mittleren Bronzezeit (15. Jh. v. Chr.) in seinem ursprünglichen Zustand gezeigt.
Der Weg zieht nun geradeaus nach Süden auf den Ort Waizenhofen zu; dann hält er sich am Albrand nach Osten. Eindrucksvoll sind die drei Abschnittsbefestigungen auf dem langgezogenen Sporn „Hinterer Berg" (Station 4). Ausgrabungen und Funde ergaben, daß die erste Siedlung der endneolithischen Chamer Gruppe (um 2500 v. Chr.) angehörte; sie war mit Wall und Graben befestigt. Heute ist diese äußerste Befestigung nur als flache Geländeerhebung erkennbar. Nach einer kurzfristigen Besiedlung in der Frühbronzezeit (2100–1700 v. Chr.) wurde erst in der Urnenfelderzeit, um 1000 v. Chr., der 0,7 Hektar große Sporn wieder mit einer Mauer und einem Graben (vorderste Anlage) gesichert. Die Holz-Erde-Mauer mit vorgeblendeter Trockenmauer fiel schon bald dem Feuer zum Opfer. Erst nach 2000 Jahren, in der Zeit der Ungarneinfälle im 10. Jahrhundert n. Chr., entstand hier wieder eine Fliehburg von 1,2 Hektar Fläche (mittleres Wall-Graben-System). Die noch erkennbare Unterbrechung des Walls deutet auf den alten Eingang hin.
Weiter dem Alb- und dem Waldrand folgend, gelangt man zu Station 5, einem Schürfgrubenfeld nach Bohnerz sowie einem Eisenschmelzplatz der mittleren Hallstattzeit (7.–6. Jh. v. Chr.)

mit einem rekonstruierten Rennofen. Auf dem Weiterweg passiert man mehrere einzelstehende Bäume, die als Naturdenkmäler geschützt sind. Landersdorf wird am nördlichen Ortsrand durchquert. Wie ein keltisches Haus aussah und was man zu jener Zeit anbaute, ist am südlichen Ortsrand von Landersdorf zu sehen (Stichweg). Parallel zur Straße nach Göllersreuth laufend stößt man auf das hallstattzeitlichen Gräberfeld von Landersdorf (Station 6). Von 1983 bis 1986 wurden 37 obertägig nicht mehr sichtbare Grabhügel untersucht und fünf Hügel in Originalgröße und -aufbau rekonstruiert. Als Belegungsdauer wird die Zeit von 550 bis etwa 400 v. Chr. angenommen.

Die Grabhügel von Landersdorf

Die dazugehörige Siedlung befand sich auf der benachbarten Göllersreuther Platte, zu der man nun nach Norden hinaufsteigt. Die markante Höhe war mit einem Ringwall umgeben (Station 7). Von hier aus steigt man hinunter nach Göllersreuth, dann zunächst nach Westen und schließlich nach Norden ins Tal des Hagenicher Mühlbachs. Station 8 liegt am Ortsrand von Hagenich – ein hochmittelalterlicher Turmhügel. Versteckt im waldigen Abhang folgen in westlicher Richtung zwei Grabhügel (Sta-

tion 9), die vom Ende der Hallstattzeit (um 500 v. Chr.) stammen dürften.
Nach Norden den Hang hinab und dann über Wiesen nach Westen nähert man sich wieder Thalmässing; bei der „Becklinde" lag ein bajuwarisches Reihengräberfeld, in dem 111 Bestattungen freigelegt wurden (Station 10). Die aufwendigen Grabbeigaben zeigen Verbindungen in den oberitalisch-langobardischen und in den fränkischen Bereich. Thalmässing lag an der Nordgrenze des altbaierischen Siedlungsgebiets, das sich hier mit dem fränkischen verzahnte.
Die keltische Viereckschanze von Ohlangen (Station 11) befindet sich nicht auf dem Rundwanderweg. Sie liegt rund zwei Kilometer westlich vom Ortszentrum Thalmässing. Die rechteckige Anlage mit 150 mal 100 Metern Seitenlänge zählt zu den größten und besterhaltenen Viereckschanzen in Bayern. Zu dieser Schanze kann man nach der Wanderung mit dem Pkw gelangen, wenn man in Thalmässing Richtung Weißenburg fährt und vor der Kirche rechts nach Ohlangen abbiegt. Nach 1,4 Kilometern liegt die Schanze links am Waldrand.

10 Steinerne Zeugnisse an der Altmühl

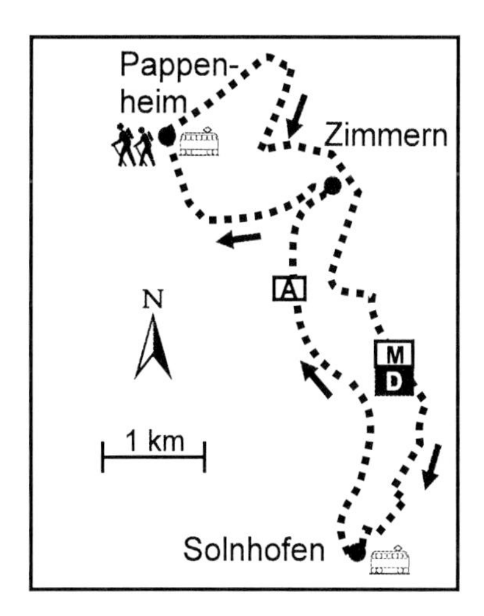

Ausgangspunkt: Pappenheim, Bahnhof oder P im Stadtgebiet
Öffentliche Verkehrsmittel: Pappenheim liegt an der Bahnstrecke Treuchtlingen–Ingolstadt und an der VGN-Linie R 6; Solnhofen ist Endpunkt dieser VGN-Strecke.
Anfahrt Pkw: Pappenheim ist der erste Ort an der Altmühltalstraße (Ferienstraße Alpen–Ostsee), die von der B 2 südlich von Treuchtlingen nach Osten abzweigt.
Sehenswert: Burg und Galluskirche in Pappenheim, Solabasilika und Bürgermeister-Müller-Museum in Solnhofen
Einkehrmöglichkeiten: Pappenheim, Zimmern, Solnhofen
Weglänge: ca. 15 km, Hinweg mit einigen steilen Wegabschnitten, Rückweg eben
Karte: Fränkisches Seenland – Naturpark Altmühltal Westlicher Teil (Bayer. Landesvermessungsamt)

Diese Wanderung führt zu den 150 Millionen Jahren alten Zeugnisse der Erdgeschichte und zu bedeutenden mittelalterli-

chen Bauten der Kirchengeschichte und der Territorialherrschaft. Zugleich erschließt sich eine charakteristische Landschaft des Altmühltals im gleichnamigen Naturpark, dem größten in Deutschland.
Vom Bahnhof Pappenheim folgt man dem Wegweiser „Fußweg zur Stadt"; kurz vor Unterführung ist der Weg mit MD, A und 9 markiert. Eine Lindenallee leitet bis zur katholischen Kirche. Wer zur Burg hinauf will, geht einige Schritte nach links in die Bahnhofstraße und dann oberhalb einer Gaststätte entlang der restaurierten Stadt- und Burgmauer die Treppen hinauf zur Burg. Sie war Stammsitz der ehemaligen Reichserbmarschälle von Pappenheim und wurde im Dreißigjährigen Krieg zerstört. Heute lohnen das Burgmuseum, die Falknerei, der Tiefe Brunnen und die Aussicht vom einstigen Bergfried einen Besuch. Man gelangt entweder auf dem gleichen Weg zurück und geht dann stadteinwärts durch die Graf-Carl-Straße, vorbei am Alten Schloß und der evangelischen Stadtkirche zum Neuen Schloß. Oder man nimmt von der Burg den Weg über die Klosterstraße (Augustinerkloster) ebenfalls zum Neuen Schloß. Nach der Altmühlbrücke biegt man rechts ab in die Beckstraße (Markierung MD), dort führt linkerhand ein Stichweg zur Galluskirche.

Die Galluskirche in Pappenheim

Die heutige Friedhofskirche ist im Kern eine der seltenen karolingischen Bauten Süddeutschlands. Wieder in der Beckstraße, läuft man auf ihr bis zur Charlotte-Nestler-Straße, dort leitet die Markierung MD hinter den Gebäuden der Evangelischen Landvolkshochschule vorbei zum Ortsausgang. Die Straße führt bergauf, oben folgt man dem Wegweiser „Hangweg Hollerstein". Es geht zunächst wieder bergab, dann verläßt man das Sträßchen und die Markierung MD an einem Wasserbehälter kurz vor dem Ortsschild Zimmern nach links den Hang hinauf bis zum ebenen Hangweg. Hier hat man einen schönen Blick auf den für die Südliche Frankenalb charakteristischen, wacholderbestandenen Trockenrasen sowie auf die Altmühl unten im Tal. Vor der Felsformation Hollerstein (seit einigen Jahren gesperrt) geht es steil hinunter nach Zimmern zum ehemaligen Schulhaus am südlichen Ortsrand. Will man die Gastwirtschaft aufsuchen, muß man sich nach rechts wenden.
Der Wanderweg ist nach links gleich wieder mit MD markiert. Die Straße zur B 13 wird gequert, weiter geht es mit MD in den Wald oberhalb der Altmühltalstraße. Wo der Weg nach Osten den Hang hinauf führt, trifft man auf ein Damwildgehege. Weiter verläuft der Weg durch den Wald bis zu einem Taleinschnitt, wo sich Wanderwege kreuzen. An der Hangkante entlang ist bald die Neubausiedlung von Solnhofen erreicht. Rechts zeigen Hochspannungsmasten zwar das MD-Zeichen, man sollte jedoch weiter auf dem Fußweg hinter den Häusern bleiben. So gelangt man in die Straße Am Trudenbuck, die auf die Altmühltalstraße stößt. Sie wird überquert; etwas nach links versetzt führt die Straße am „Glaubensberg" steil abwärts. Man sieht schon die Altmühlbrücke und die Eisenbahnlinie, die beide zu queren sind, bevor man sich nach links in die Bahnhofstraße wendet. Hier gelangt man zum Bürgermeister-Müller-Museum; eine Besichtigung der Versteinerungen aus dem Jurameer, das vor rund 150 Millionen Jahren Fischen, Echsen, Sauriern, Krebsen, Kopffüßern und Insekten Lebensraum bot, lohnt sich auf jeden Fall. Ein Exemplar des Urvogels Archaeopteryx gehört ebenfalls zu den Attraktionen dieses Museums. Auch der Abbau des Solnhofener Plattenkalks und seine Verwendung im Steindruck (Lithographie) werden dargestellt.

Falls man bereits in Solnhofen die Wanderungen beenden muß, erreicht man mit wenigen Schritten den Bahnhof. Wer die Rundwanderung jedoch zu Fuß vollenden will, geht zurück zum Bahnübergang und die Senefelderstraße aufwärts. Rechts gelangt man durch einen Torbogen zur Sola-Basilika neben der heutigen evangelischen Kirche. Hier sind unter einem schützenden Dach Grundmauern von sieben seit dem Beginn des 7. Jahrhundert übereinander errichteten Kirchbauten zu sehen. Von der um 830 erbauten Basilika zeugen heute noch eine Reihe Säulen mit kunstvollen Kapitellen sowie das sogenannte Solagrab, eine Steintumba. Wieder zurück in der Senefelderstraße biegt man vor dem Senefelder-Denkmal in die Ferdinand-Arauner-Straße ein.

Riesiger Ammonit im Museum

Von dieser geht es rechts ab in den Wiesenweg. Der Altmühltalweg mit der Makierung A bleibt zunächst neben der Bahnlinie und unterquert sie dann. Den ebenen Weg neben der Altmühl kreuzt noch zweimal die Bahnlinie; er führt durch Wiesen und ein Wäldchen. An der Brücke nach Zimmern folgt man ein Stück der Straße nach links den Hang hinauf, biegt von ihr nach rechts ab und nimmt den Weg am Waldrand oberhalb von Altmühl und Radweg bis in Höhe von Niederpappenheim. Dort geht es den Hang hinunter, vorbei an der Kläranlage und entlang eines Fabrikgeländes zur kleinen Kirche. Schließlich gelangt man durch die Bahnunterführung zum Bahnhof zurück.

11 Auf den Spuren des Tannhäusers

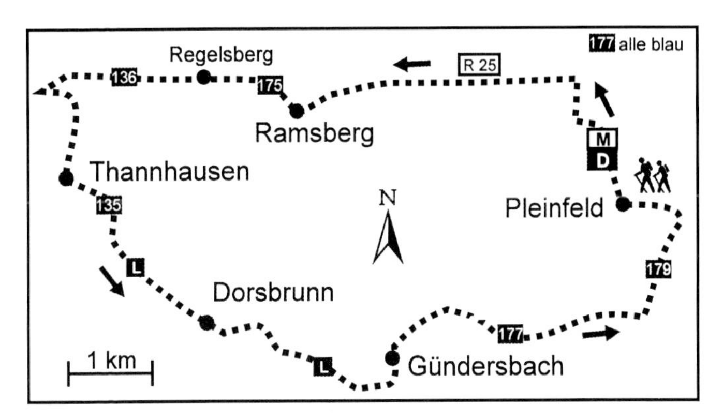

Ausgangspunkt: Pleinfeld; P am Bahnhof
Öffentliche Verkehrsmittel: VGN Bahnlinie R 6 von Nürnberg bzw. Weißenburg/Solnhofen
Anfahrt Pkw: Pleinfeld liegt an der B 2 zwischen Roth und Weißenburg im Fränkischen Seenland
Weglänge: rund 20 Kilometer; einige Anstiege
Sehenswert: Brombachsee, Tannhäuserdenkmal in Thannhausen, Limesreste bei Dorsbrunn
Einkehrmöglichkeiten: Ramsberg, Tannhausen, Pleinfeld
Karten: Fränkisches Seenland – Naturpark Altmühltal, Westlicher Teil (Bay. Landesvermessungsamt); Fritsch-Wanderkarte Nr. 75, Nürnberg – Fränkisches Seenland; Appelt-Karte Fränkisches Seenland

Vielen ist die Wagner-Oper „Tannhäuser“ bekannt; über den Deutschordensritter und Minnesänger Tannhäuser werden weit weniger Bescheid wissen. Deshalb hier einiges zu seinem geschichtlichen Hintergrund: Tannhäuser zählte zu den fahrenden Sängern des 13. Jahrhunderts und war weit in der Welt herumgekommen. Seine Herkunft läßt sich wohl nie mit letzter Sicherheit klären. Die Experten sind uneins, ob der Minnesänger Tannhäuser ein Franke oder ein Bayer war. Zwei Dörfer rivali-

sieren darum, als Geburtsort zu gelten: Thannhausen bei Freystadt (Kreis Neumarkt i. d. OPf.) und Thannhausen zwischen Gunzenhausen und Pleinfeld.
Für das Thannhausen bei Gunzenhausen sprechen einige handfeste Argumente. Einen Hinweis auf die Herkunft kann man einem Kreuzfahrerlied Tannhäusers entnehmen. Mit dem Ausruf: „Waer ich uf dem Sande!“ wollte Tannhäuser die Sehnsucht nach seiner Heimat zum Ausdruck bringen. Früher bezeichnete man mit „Sand“ das dem Fränkischen Jura vorgelagerte Keupergebiet südlich und östlich von Nürnberg. Demnach kämen beide Dörfer in Frage. Jedoch spricht für das fränkische Thannhausen, daß dessen Wappen mit jenem aus der Manessischen Liederhandschrift identisch ist. Als weiteres Indiz kann der in der Nähe gelegene Burgstall gelten, der dem gleichnamigen Adelsgeschlecht zugeschrieben wird.
Als Angehöriger der Deutschordensritter weilte Siboto de Tanhusen öfter in Nürnberg. Möglicheweise liegt er in der dortigen Jakobskirche begraben; sie ging zu Beginn des 13. Jahrhunderts als Schenkung an den Deutschen Orden über.
Ausgangspunkt der rund 20 Kilometer langen Wanderung ist der Bahnhof in Pleinfeld. In der Umgebung Pleinfelds gelten grundsätzlich die blau-weißen Schilder der Seenland-Wanderwegemarkierung. Man hält sich zunächst an die Markierung 180, die zusammen mit dem Main-Donau-Weg unter der Bahn hindurchführt. Weiter geht es nach Norden aus Pleinfeld hinaus. Vorbei am Freibad und am Campingplatz erreicht man durch lichten Kiefernwald die Staumauer des Großen Brombachsees.
Die großen Wasserflächen im Fränkischen Seenland sind von Menschenhand geschaffen. Im weiten Altmühltal westlich der Stadt Gunzenhausen ist der Altmühlsee entstanden. Ihm kommt die Aufgabe zu, überschüssiges Altmühl(hoch)wasser über einen neun Kilometer langen Kanal in den Brombachsee zu leiten. Von dort kann das Wasser im Bedarfsfall über die Schwäbische Rezat und die Rednitz in das Regnitz-Main-Gebiet abgegeben werden, um dort Niedrigwasser aufzuhöhen. Kernstück des sogenannten Überleitungsprojektes ist der Brombachsee zwischen Gunzenhausen und Pleinfeld. Die Vorsperren Kleiner Brombachsee und Igelsbachsee wurden 1985 geflutet. Die Hauptsperre füllt sich bis zur Jahrtausendwende. Mit 1270

Hektar Fläche ist der Brombachsee größer als der Tegernsee. Neben der wasserwirtschaflichen Bedeutung haben die mittelfränkischen Seen natürlich einen hohen Freizeit- und Erholungswert. Dafür wurden viele Einrichtungen geschaffen. Großes Gewicht legte man auch auf die Erhaltung der Vogel- und Pflanzenwelt.
Am südlichen Ufer des Brombachsees setzt sich die Wanderung auf dem Fränkischen Seenland-(Rad-)Weg nach Ramsberg fort. Dabei kommt man an der Freizeitanlage Pleinfeld Süd vorbei. Ramsberg wird in westliche Richtung durchquert; die Markierung 175 leitet zuerst auf einem Waldweg, dann auf einem Teersträßchen bergauf zum Weiler Regelsberg. Von hier aus bietet sich eine herrliche Aussicht.
Der Wanderweg führt weiter nach Westen, nun mit der Markierung 136. Im Wald verläuft der Weg schnurgerade; nach rund 700 Metern erreicht man eine Sitzgruppe rechts des Weges. Man ist am Burgstall angelangt, wo im Mittelalter die Burg der Herren von Tannhausen stand. Das rechteckige Plateau, dessen Ost- und Westgräben der Wanderweg durchschneidet, ist knapp 60 Meter lang und 30 Meter breit. Der Rastplatz liegt fast in der Mitte der einstigen Burg auf einem halbrunden Wall. Wahrscheinlich war diese kleine Burg nördlich von Thannhausen im 12./13. Jahrhundert Sitz dieser Adligen.
Nun verläuft der Weg bergab und stößt auf einen von rechts kommenden mit der Markierung 137. Mit diesem zusammen wendet man sich nach links, bis man auf ein Teersträßchen gelangt. Links (nach Osten) eingeschwenkt, überschreitet man die Gleise der Bahnstrecke Pleinfeld-Gunzenhausen (R 62). Weiter geht es mit dem Weg 136 nach Süden bis nach Thannhausen. Diese alte fränkische Ortschaft wurde im Jahre 1194 als „Tanehusen“ (zu den Häusern bei der Tanne) erstmals urkundlich erwähnt.
Vor der Kirche steht am Straßenrand ein Denkmal für den Minnesänger Tannhäuser. Er nahm vermutlich als Mitglied des Deutschen Ordens am Kreuzzug des Kaiser Friedrich II. teil. Und auch der Gasthof „Zum Tannhäuser“ erinnert mit dem Fresko eines Wappens des Minnesängers und mit dem Ausleger des Wirtshausschildes an diese historische Figur.

In Thannhausen ist Halbzeit der Wanderung; nach einer Rast folgt man der Straße nach Dorsbrunn. Auf halbem Weg überquert man den römischen Limes; rechts am Straßenrand wurden die Fundamente eines Limes-Wachtturmes freigelegt und saniert. Ein Stück des Limes wurde zu beiden Seiten des Turmes neu aufgebaut. Eine Informationstafel gibt Auskunft über die römische Grenze in diesem Bereich.

Das Denkmal in Thannhausen

Weiter geht es auf der Straße, und in wenigen Minuten erreicht man Dorsbrunn, das von seiner Kirche überragt wird. Ab hier hält man sich an die Markierung L (für Limesweg). Der Weg führt nun bergauf, dann über eine Hochfläche und leitet schließlich hinab zum Ort Gündersbach.
Hier verläßt man den Limesweg und erreicht mit der Markierung 177 den nordöstlichen Ortsrand. Ein Stück geht es entlang der Straße bergauf, dann zweigt der Wanderweg nach rechts in den Wald hinein ab. An der Seenlandstraße wird die Bahnlinie unterquert. Nach einer kurzen Strecke in östlicher Richtung parallel zu dieser Straße wendet man sich nach links und geht westlich der Schwäbischen Rezat nach Pleinfeld hinein.

12 Die Rieterkirche in Kalbensteinberg

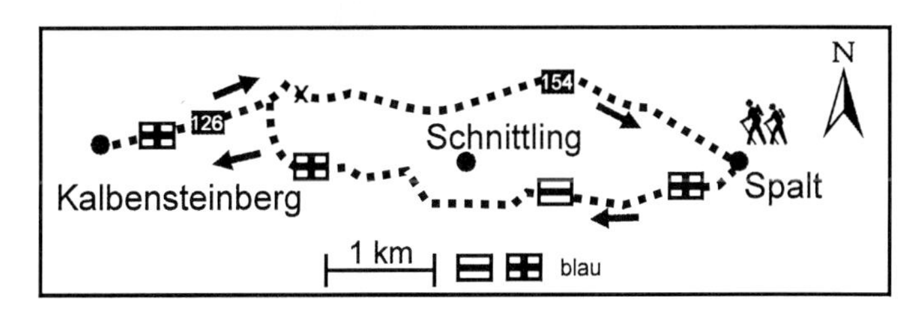

Ausgangspunkt: Spalt; P im Stadtkern
Öffentliche Verkehrsmittel: VGN-Bus 606 von Georgensgmünd, dorthin mit Bahnlinie R 6 von Nürnberg/Fürth bzw. aus Richtung Weißenburg-Treuchtlingen-Solnhofen
Anfahrt Pkw: Spalt und Kalbensteinberg liegen an einer der Verbindungsstraße zwischen der B 466 und der B 2 im Bereich des Fränkischen Seenlandes
Weglänge: rund 15 km; steile Abschnitte
Sehenswert: Stadt Spalt, Mühlreisighaus, Schnittlinger Loch, Rieterkirche Kalbensteinberg
Einkehrmöglichkeiten: Kalbensteinberg, Spalt
Karten: Fränkisches Seenland – Naturpark Altmühltal, Westlicher Teil (Bayer. Landesvermessungsamt), Fritsch-Wanderkarte 75, Nürnberg–Fränkisches Seenland; Appelt-Karte Fränkisches Seenland

Die einstige Freie Reichsstadt Nürnberg verfügte über enormen Flächenbesitz. Weite Teile des heutigen Kreises Nürnberger Land und viele andere Gebiete gehörten zum ehedem mächtigen Stadtstaat. Daß aber auch ein kleines Dorf nahe Spalt über Jahrhunderte hinweg aufs engste mit dem fernen Nürnberg verbunden war, vermutet man nicht so ohne weiteres.
Die dreieinhalbstündige Wanderung nach Kalbensteinberg beginnt im sehenswerten Hopfen- und Brauerstädtchen Spalt. Der Ort im Tal der Fränkischen Rezat ist von Hopfengärten umgeben. Um 1345 erhielt Spalt, das auf ein um 800 von St. Emme-

ram in Regensburg gegründetes Kloster zurückgeht, Stadtrechte. 1294 stiftete Burggraf Konrad der Fromme von Nürnberg ein weiteres Kloster; die Stadtmauer umfaßte die Bezirke beider Stiftungen und der dazwischen entstandenen bürgerlichen Siedlung mit dem Straßenmarkt. Das Hochstift Eichstätt, 1297 bis 1804 Besitzer der Stadt, vereinigte 1619 beide Stifte. Malerische Fachwerkhäuser laden zu einem Rundgang durch Spalt ein. Besonders imposant ist das ehemalige Kornhaus von 1457 mit der Hopfensiegelhalle. Die zwei Stiftskirchen, die katholische Pfarrkirche Mariae Himmelfahrt und St. Emmeram (heutiger Bau von 1700) und die evangelische Nikolaus-Kirche (14. Jh., 1767 barockisiert), sind ebenfalls sehenswert..
Mit Blaukreuz und Blaustrich verlassen die Wanderer den Stadtkern nach Westen durch das Obere Tor mit dem Torturm. Vorbei am Hans-Gruber-Keller gelangt man auf einen Feldweg, der durch Hopfen- und Kirschgärten verläuft. Links bietet sich ein schöner Blick auf das hochgelegene Großweingarten, von rechts grüßt Schnittling. Weiter geht es in den Wald; nach etwa einer halben Stunde ist das Naturdenkmal Schnittlinger Loch erreicht. Dies ist eine Versturzschlucht aus Rhätsandstein, in der Felsblöcke wild durcheinander liegen. Hier entspringt der Hatzelbach, der bei Spalt in die Rezat mündet. Der Weg steigt über Holzstufen bergauf und trifft auf eine Straße, die man überquert. Rechter Hand liegt ein Kinderspielplatz. Der Weg bleibt am Waldrand, bis sich die Blaustrich-Markierung nach links Richtung Fünfbronn wendet. Mit der Blaukreuz-Markierung geht es nun nach rechts in den Wald hinein. Bald läuft man parallel zum Bachbett, das ein Stück weit als Rhätsandstein-Schlucht den Namen „Zigeunerloch“ trägt. Weiter geht es bergab, bis man den Reichertsgraben überschreitet; dann geht es bachaufwärts nach Südwesten, bis sich der Wald lichtet, und Wiesenhänge das Bild bestimmen. Das nahe Kalbensteinberg ist nach einem kurzen Anstieg bald erreicht.
Die evangelische Pfarrkirche, ursprünglich eine Marienkirche, jedoch noch heute Rieterkirche genannt, ist ein Zeugnis vom Kunstverstand der Familie. 1464 ließ Paulus Rieter, dessen Wappen über dem Portal zu sehen ist, den Grundstein zum Langhaus legen. Der aus Rhätsandstein errichtete Bau mit seinem gotischen Chor wurde von Generation zu Generation im-

mer reicher ausgestattet. Der Hochaltar im Renaissancestil von 1611 vereint ältere Figuren, wie eine durch zwei Engel gekrönte Madonna auf der Mondsichel, eine Pietà und eine Kreuzigungsgruppe. An der Chorwand fällt der Blick auf 13 Fresken, die geistliche Mitglieder der Patrizierfamilie darstellen. Das Chorgestühl weist kunstvolles Schnitzwerk auf. Besonderes Augenmerk verdient die altrussische Theodorus-Ikone, die wohl im 16. Jahrhundert in Nowgorod entstand und Lebensstationen des Märtyrers darstellt.

Ein hölzerner Palmesel auf vier Rädern, der früher bei der Palmsonntagsprozession des Ortes mitgezogen wurde, ist einer von vielen spätgotischen Kirchenschätzen, die das Gotteshaus birgt. Eine reiche Fundgrube für Wappenkundige sind die vielen Totenschilde und Wappen an den Wänden der Kirche. Eine schwere Metallplatte mit Wappen deckt den früheren Zugang zur Grablege der Rieter vor dem Hochaltar. Das letzte Mitglied der Familie starb kinderlos 1753. Durch eine Majoratsbestimmung (das Vorrecht des Ältesten auf das Erbgut), die besagte, daß der Gesamtbesitz nicht aufgeteilt werden durfte, fiel Kalbensteinberg danach an das Heilig-Geist-Spital Nürnberg. 1806 gingen die Hoheitsrechte an das neugegründete Königreich Bayern über. Das Patronat über Kalbensteinberg wurde 1818 an die Stadt Nürnberg zurückgegeben mit der Auflage, den Rieterschen Besitz zu erhalten. Bis 1970 wurde es auch von der Stadt wahrgenommen; im Zuge der Ablösung dieser Regelungen fiel es dann an die evangelisch-lutherische Kirche in Bayern.

Palmesel in der Rieterkirche

Kalbensteinberg, das heute zur Gemeinde Absberg im Fränkischen Seenland gehört, hatte schon einige Besitzerwechsel hinter sich, ehe es „nürnbergisch“ wurde. Anfang des 14. Jahrhunderts war der Ort nach dem Aussterben des Geschlechts der Kalbenberger an das Kloster Roggenburg bei Ulm gefallen. 1412 wurde er dann an den Grafen von Oettingen verkauft, zwei Jahre später wiederum gelangte er durch Heirat in den Besitz der Familie Wernitzer in Rothenburg. Deren Tochter Klara schließlich brachte Kalbensteinberg als Mitgift in die Ehe mit dem Nürnberger Patrizier Hans Rieter, dessen Geschlecht von da an die Geschicke des Ortes bestimmen sollte.

Der Rückweg verläuft zunächst auf der gleichen Strecke wie der Hinweg (Blaukreuz und Seenland-Markierung 126) bis zum Reichertsgraben. Diesen begleitet man auf dem Weg 126 (ohne Blaukreuz!) noch ein Stück nach Nordosten, bis man auf den Weg 154 trifft. Er führt nun durch Kiefernwald nach Osten, verläßt dann den Wald und geht unmittelbar am sogenannten Mühlreisighaus aus dem Jahre 1746 vorbei. Dieses Hopfenbauernhaus mit fünf Hopfenböden im steilen Dach ist ein Meisterwerk der Zimmermannskunst. Jetzt läuft man noch einen Kilometer auf der Straße nach Osten und erreicht den Ortsrand von Spalt.

Das Mühlreißighaus

13 Kelten, Römer und Württemberger an der Wörnitz

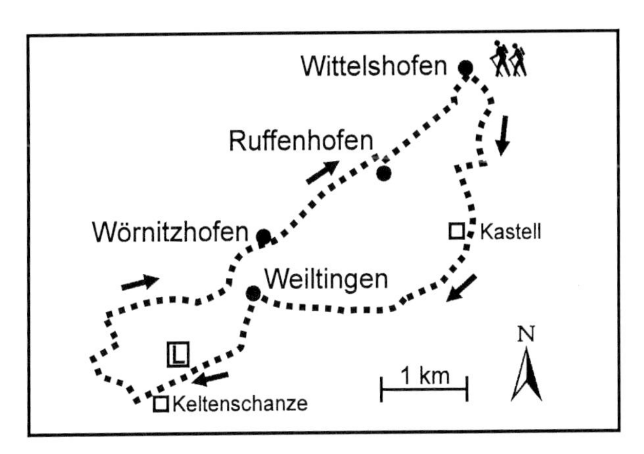

Ausgangspunkt: Wittelshofen, P Wörnitzbrücke
Anfahrt Pkw: Wittelshofen liegt zwischen Dinkelsbühl und Wassertrüdingen; es ist auch von der BAB 6 (Anschlußstelle 52, Ansbach) her zu erreichen, wenn man vor Dinkelsbühl nach Dorfkemmathen abzweigt.
Weglänge: ca. 15 km; nur mäßige Steigungen
Sehenswert: Gelände des Kastells Ruffenhofen, St.-Peters-Kirche mit Epitaphien und Gruft der württembergischen Herzöge in Weiltingen, Keltenschanze bei Weiltingen, Limes zwischen Wilburgstetten und Weiltingen
Einkehrmöglichkeiten: Weiltingen, Wittelshofen
Karten: Fritsch-Wanderkarte 93, Landkreis Ansbach, Blatt Süd; Romantisches Franken (Gebietsausschuß Romantisches Franken); örtliche Karte „Wanderwege Rund um den Hesselberg"

Ausgangspunkt ist Wittelshofen; kommt man von Osten mit dem Auto in den Ort hinein, biegt man die Wörnitzstraße zweimal nach links ab. Der Rechtskurve folgend, gelangt man zum P an der Wörnitzbrücke.

Mit der grüner Radwegmarkierung 2 geht es zunächst durch die Wörnitzauen zum Sträßchen Aufkirchen–Ruffenhofen. Man folgt dem Wörnitz-Radweg und der Markierung 15 nach Westen Richtung Ruffenhofen. Nach 500 Metern überquert das Sträßchen den Denzengraben. Danach geht man nach links den Hang hinauf zu einem Badeweiher. Nach weiteren 500 Metern wendet sich der Feldweg nach rechts. Schautafeln informieren über den „Limes im Hesselberggebiet“ und das „Kastell Ruffenhofen“. Vom Kastell selbst in der Flur „Bürgfeld“ blieben nur einige Erhebungen in den Äckern. Entschädigt werden die Wanderer durch die Aussicht auf den gegenüberliegenden Hesselberg. Linker Hand liegt Ruffenhofen mit dem gedrungenen St.-Nikolaus-Kirchlein aus dem 14. Jahrhundert. Wer das Bauwerk näher betrachten möchte, kann auf dem Rückweg einen Abstecher dorthin machen; das Gebäude ist allerdings verschlossen und wird nur noch wenige Male im Jahr zu Gottesdiensten genutzt.
Dem Feldweg folgt man nun weiter bis zu einer Baumgruppe, wo man sich leicht links hält und ein Stück um die Anhöhe herum geht. Dann trifft man auf einen Feldweg, der scharf nach rechts hinunter auf ein Teersträßchen zuläuft. Es führt – wieder in südwestliche Richtung – auf Birken an einer Anhöhe zu. Den Hang abwärts liegt das Ziel Weiltingen vor Augen. Der Straße von Ruffenhofen nach Frankenhofen (das man links liegen sieht) folgt man nur wenige Meter nach Süden, dann biegt man rechts in eine Birkenallee ein (wieder mit Radwegmarkierung und 15). Sie läuft geradewegs auf die Friedhofskapelle von Weiltingen zu. In den Markt hinein führt zuerst der Wegweiser „Museum“ durch ein Torhaus, dann durchschreitet man das eigentliche frühere Markttor. Am Ende des Marktplatzes sieht man das Rathaus; schräg gegenüber ist in der ehemaligen Zehntscheune aus dem 18. Jahrhundert das Heimat- und Trachtenmuseum untergebracht. Es zeigt auch Funde vom Kastell Ruffenhofen. Man kann hier weitergehen und gelangt dann nach rechts hinauf in den Bereich des einstigen Schlosses. Die erste Erwähnung des Ortsadels nennt 1238 einen Marquart von Wiltingen. Herren waren dann von 1617 bis 1810 die Herzöge von Württemberg. Das Königreich Bayern verkaufte dann 1814 den Schloßbau aus dem 16. Jahrhundert auf Abbruch. Auf dem

höchsten Punkt des befestigten Ortskerns erhebt sich die Kirche St. Peter aus dem 15. Jahrhundert. Aus dieser Zeit blieb der gotische Chor mit dem spätgotischen Flügelaltar, während das barocke Langhaus Ende des 17. Jahrhunderts umgebaut wurde. Die Schlüssel zur Kirche sind im Pfarrhaus bzw. beim Mesner erhältlich. Sehenswerte Epitaphien befinden sich allerdings auch an der Außenwand der Kirche. Einblick in die Fürstengruft unter dem Langhaus – seit 1675 Grablege der württembergischen Herzöge – gewährt die vergitterte Tür am Fuß der Außentreppe.

Am Markt stehen mehrere behäbige Häuser aus dem 17. und 18. Jahrhundert; zur Einkehr laden verschiedene Gasthöfe ein. Für den Weiterweg wendet man sich am Gasthof zur Post nach Süden aus dem Markt hinaus und weiter auf der Veitsweiler Straße bis vor einer Neubausiedlung zum „Waldweg“ (hier Markierung 18 und Limesweg). An einer großen Linde, einem Naturdenkmal, führt dann nur noch die Markierung Limesweg nach rechts.

Am Marktplatz von Weiltingen

Nach gut 600 Metern ist bei einer Baumgruppe die Keltenschanze erreicht; sie gehört zu einer Reihe dieser Kultbezirke aus dem 1. Jahrhundert v. Chr. im Hesselberggebiet. Ihr Nord- und ihr Ostwall sind noch gut erhalten. Der Blick nach Norden schweift ins Wörnitztal. Weiter geht es durch Felder bis zu einem Obstgarten (Markierung Limesweg), zum Waldrand und mit der Markierung in den Wald hinein. Nach rund 100 Metern

an einer Kreuzung im Wald muß man mit dieser und der Markierung 18 nach rechts, im Bogen den Hang hinab und schließlich mit dem Radweg und 18 vom Limesweg nach rechts abbiegen. Kurz vor der Straße überschreitet man den Limes (auf ihn weisen Schautafeln hin), dann kommt man zur Straße Weiltingen–Wilburgstetten (P). Man folgt ihr knapp 500 Meter nach rechts (Osten) und überquert auf zwei Brücken die Wörnitz zur Neumühle. Der Limes verlief noch ein Stück weiter im Bereich der jetzigen Straße, bis er kurz vor Weiltingen einen scharfen Knick nach Norden beschrieb und die Wörnitz überschritt.
Im Weiler Neumühle geht man hinauf bis zum Sträßchen auf der Nordseite der Wörnitz und ihr entlang nach Osten bis in die Höhe von Weiltingen. Am jenseitigen Ufer sieht man die Schloßmühle liegen. Die Straße von Obermichelbach wird gequert, weiter geht es mit Radweg- und Limesweg-Markierung über Wörnitzhofen bis in Höhe Ruffenhofen. Dabei hat man ständig den Hesselberg im Blick. An der Abzweigung nach Ruffenhofen geht man nach links ein Stück auf der Straße nach Wittelshofen und verläßt sie nach rund 300 Metern. Nach rechts führt ein Feldweg in den Wörnitzauen zum östlichen Ortsrand von Wittelshofen zum Friedhof. Von dort aus geht es durch den Kirchweg und die Wörnitzstraße zum Ausgangspunkt.

14 Dombühl und Kloster Sulz

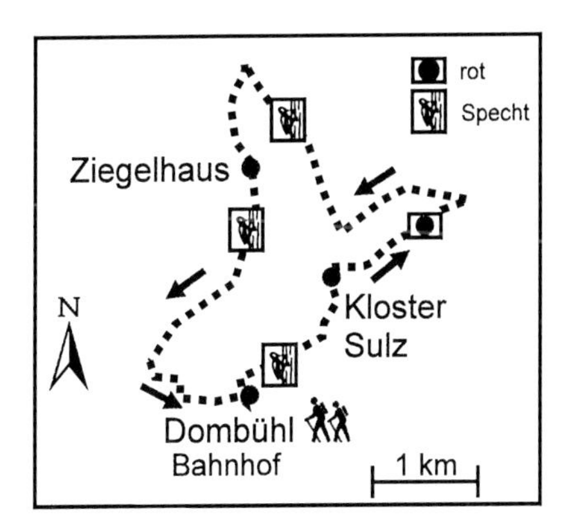

Ausgangspunkt: Dombühl, Bahnhof
Öffentliche Verkehrsmittel: Dombühl ist Station an der Bahnstrecke Ansbach–Stuttgart und Endpunkt der VGN-Linie R 7.
Anfahrt Pkw: Dombühl liegt nahe der B 25 im Dreieck von BAB 7 (Anschlußstelle 109, Wörnitz) und BAB 6 (Anschlußstelle 49, Dorfgütingen)
Sehenswert: St.-Veits-Kirche in Dombühl, ehem. Prämonstratenserinnenkloster in Kloster Sulz
Weglänge: ca. 10 km, einige mäßige Steigungen
Einkehrmöglichkeiten: Dombühl
Karten: Naturpark Frankenhöhe (Bayer. Landesvermessungsamt); Fritsch-Wanderkarte 70, Landkreis Ansbach, Blatt Nord; Wanderwege Markt Dombühl

Vom Bahnhof Dombühl folgt man ab der Bushaltestelle der Markierung Buntspecht (Klosterbergweg), biegt nach links und gleich wieder nach rechts in die Alleestraße ein und dann rechts in die Industriestraße ab. Sie mündet in die Straße Am Sägewerk, diese trifft auf die Straße nach Binsenweiler. Hier geht es ein Stück nach links und gleich in den Sulzachweg hinein Richtung Kloster Sulz. An der zweiten Bachbrücke verläßt man die Straße nach links auf den Wiesenpfad. Er führt dann zwischen

Häusern hindurch zum Ortskern (rechter Hand begleitet ihn ein Stück weit die Außenmauer der Klosteranlage). Das ehemalige Prämonstratenserinnenkloster stammt aus der Zeit um 1200, wurde bereits 60 Jahre später durch einen Brand zerstört und erst im folgenden Jahrhundert wieder aufgebaut. Um 1500 und erneut im Bauernkrieg 1525 fiel die Kirche den Flammen zum Opfer. 1573 wurde sie als Pfarrkirche wieder erstellt. Die ehemaligen Kloster- und Wirtschaftsgebäude schließen südlich an die Kirche an. Sie werde heute zu Wohnzwecken und für einen Kindergarten genutzt. Zuvor dienten die Gebäude den Ansbacher Markgrafen als Jagdschlößchen. Aus dieser Zeit dürften auch die Hochstraßen mit Alleebepflanzung im Wald des Klosterberges stammen.

Vom Dorfplatz leitet die Buntspecht-Markierung die Bergstraße hinauf und biegt in die Straße Am Klosterberg ein. Es geht die gerade Allee weiter bergauf. Die vorgeschlagene Wanderung will noch eine Schleife über den Schloßbuckweg (Rotpunkt-Markierung) beschreiben. Man hält sich rechts und gelangt durch Mischwald zum Schloßbuck. Hier stößt man auf Gräben einer vermutlich mittelalterlichen Burganlage. Der Weg führt bis zum äußersten Ende des Bergsporns. Nach Osten fällt der Blick auf Weißenkirchen mit seinem Kirchturmdach aus buntglasierten Ziegeln und auf die von Hügeln begrenzte Ebene westlich der Altmühl bei Leutershausen mit eingestreuten Dörfern.

Der Rotpunkt-Weg wendet sich in scharfem Knick nach links, begleitet von Hutflächen (Brunster Hutung). Nach einer Weiheranlage geht es links hinauf in den Wald. An der ersten Forststraße kann man nach links einem Stichweg zum Schloßbrünnlein folgen (400 m). Rund 200 Meter, nachdem man auf dem Rotpunkt-Weg den höchsten Punkt der Hochfläche überschritten hat, stößt man wieder auf die Hochstraße mit der Buntspecht-Markierung. Sie führt fast einen Kilometer lang schnurgerade durch den Wald. Die Buntspecht-Markierung weist auch nach rechts Richtung Schorndorf-Leipoldsberg (Einkehrmöglichkeit Sa, So, Feiertage, 1 km). Der Rundweg wendet sich jedoch scharf nach links den Hang hinunter. Vor dem Weiler Ziegelhaus mit seinem großen Weiher quert man die Straße nach Kloster Sulz. Auf geteertem Sträßchen geht es nun durch die Flur in südwestlicher Richtung. Linker Hand sieht man am

Die Veitskirche von Dombühl auf dem Kirchbuck

Waldrand die Häuser des Weilers Ziegelhütte und Kloster Sulz, voraus grüßt der Kirchbuck von Dombühl mit der St.-Veits-Kirche. Der Weg wendet sich nach Westen und führt nach den ersten Häusern von Dombühl auf dem Amselweg in die Marktgemeinde hinein. Hier endet die Markierung. Von der Kloster Sulzer Straße biegt man nach rechts in die Rosenau ein und steigt bergauf bis zum Kirchbuck. Ist die Anlage mit dem befestigten Friedhof auch heute noch beeindruckend, muß sie vor dem Bauernkrieg 1525 noch trutziger gewirkt haben. Damals nämlich wurden die Mauern auf die halbe Höhe abgetragen. Selbstverständlich hat man von dem Weg rund um die Wehrkirche einen weiten Rundblick. Hinunter folgt man am besten dem Sträßchen bis zum neuen Friedhof, dann ein kleines Stück rechts versetzt dem Kirchbuckweg. Auf der Bahnhofstraße geht es ortsauswärts zum Bahnhof.

15 Die Armenbibel in Rügland

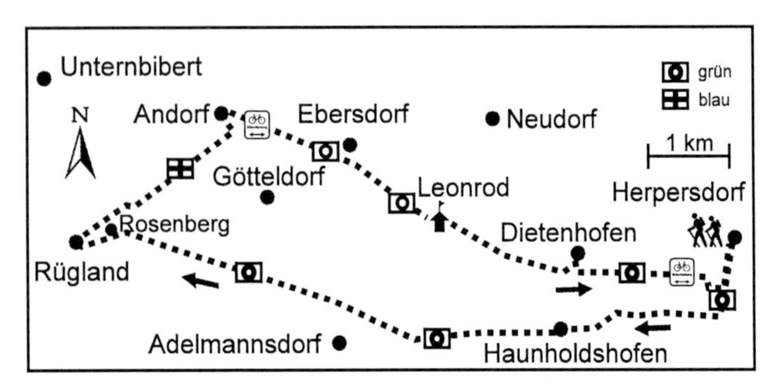

Ausgangspunkt: Herpersdorf (Gem. Dietenhofen), Haltestelle
Öffentliche Verkehrsmittel: VGN-Bus 113 von Nürnberg/Fürth bis Abzweigung Herpersdorf; Rückfahrt auch schon ab Andorf möglich
Anfahrt Pkw: Auf der B 14 bis Heilsbronn, dort nach Großhabersdorf abbiegen, bis man bei Schwaighausen auf die Staatsstraße trifft, nach Westen bis Münchszell fahren, kurz nach dem Ort ins Biberttal abbiegen bis Herpersdorf; oder gleich auf der parallel zur B 14 verlaufenden Staatsstraße von Fürth nach Großhabersdorf fahren, weiter wie oben.
Weglänge: rund 20 km; steile Abschnitte
Sehenswert: evang. Kirche und Schloß in Rügland, Schloßruine Leonrod, Wehrkirche in Dietenhofen
Einkehrmöglichkeiten: Rügland und Dietenhofen
Karten: Naturpark Frankenhöhe (Bay. Landesvermessungsamt); Fritsch-Wanderkarte 70, Landkreis Ansbach, Blatt Nord

Im Herzen des Rangaus, unweit von Ansbach, liegt im Mettlachgrund der Ort Rügland. Hier steht neben dem prächtigen Wasserschloß der Freiherren von Crailsheim eine der vielen evangelischen Dorfkirchen in Franken mit einer sogenannten Armenbibel. Diese Emporenmalereien stellen Szenen aus den Evangelien dar und wollten damit früher den des Lesens unkundigen Menschen den Inhalt der Bibel verdeutlichen.

Die „Armenbibel“ in Rügland

Im Zeitalter ohne Zeitung, Kino und Fernsehen waren die Emporenmalereien die einzigen Bilder, die das bäuerliche Volk zu sehen bekam. An den Brüstungen der Emporen reiht sich Szene an Szene gleich Bibelversen aneinander. Da die Emporenbilder von Bauernmalern ausgeführt wurden, war der künstlerische Anspruch nicht sehr hoch. Viele dieser Maler bezogen ihre Bildideen aus zweiter Hand, wie z. B. von dem Nürnberger Bibelillustrator Jakob von Sandrart.

Man startet zu der ungefähr 20 Kilometer langen Wanderung an der Bushaltestelle bei Herpersdorf im Biberttal. Zuerst überschreitet man die Kreisstraße und geht Richtung Waldrand. Hier trifft man auf die Grünring-Markierung. Sie führt auf einem Waldweg nun steil aus dem Bibertgrund bergauf. Auf der Hochfläche angekommen, biegt man scharf rechts ab. Zunächst verläuft der Weg auf einem Feldrain und dann am Waldrand entlang. Auf freier Feldflur liegt rechts am Weg ein Sportplatz; man überquert die Straße Kleinhaslach–Dietenhofen und gelangt nach Haunoldshofen. Diesen Ort verläßt man in westlicher Richtung. Kurze Zeit geht es auf einem kaum befahrenen Teersträßchen dahin. Dann führt die Grünring-Markierung wieder auf Feld- und Waldwegen. Immer Richtung Westen geht es oberhalb des Mettlachtals bis kurz vor den Ortsrand von Rosenberg. Hier führt ein Steig linker Hand steil zum Mettlachtal bergab. Der Weg geht am Rundbau des Mausoleums vorbei – hier ist

die Grablege einer Linie der Herren von Crailsheim –, bevor man Rügland erreicht. Die Gemeinde liegt malerisch im Tal der Mettlach. Man muß noch ein Stück weit nach Westen in den Ort hineingehen, bis man die evangelische Pfarrkirche St. Margaretha erreicht. Sie wurde 1754 im sogenannten Markgrafenstil erbaut. Die Brüstungen der Doppelemporen werden von 44 Gemälden der „Armenbibel" geschmückt, es sind überwiegend Szenen aus dem Leben Jesu. Einen Schlüssel für die Kirche bekommt man entweder im Haus Neustädter Straße 3 oder im Pfarramt (Neustädter Str. 1).
Unterhalb der Kirche erhebt sich die hufeisenförmige Anlage des Wasserschlosses der Freiherren von Crailsheim. Der nördliche Schloßflügel von 1611 trägt ein Fachwerk-Obergeschoß. Barock zeigen sich die übrigen Bauten, deren Pläne rund 100 Jahre später der Ansbacher Baumeister von Zocha fertigte. Das Schloß ist in Privatbesitz und daher nicht zu besichtigen. Zugänglich ist der Park auf der östlichen Grabenseite, der einen Blick auf die wappengeschmückte Schloßfassade ermöglicht.
In Rügland ist Halbzeit der Wanderung. Anschließend setzt sich der Ausflug mit der Blaukreuz-Markierung in nordöstlicher Richtung fort. Der Weg führt steil bergauf am dicken Turm der im Bauernkrieg zerstörten Burg Rosenberg, einer spätmittelalterlichen Anlage, vorbei. Von Rosenberg leitet die Markierung über die Hochfläche, vorbei am Neuweiher, hinunter nach Andorf im Bibertgrund. Nun wandert man, wiederum mit Grünring- sowie einer Grünstrich-Markierung, auf der früheren Trasse der aufgelassenen Bibertbahn – diesen Weg müssen die Wanderer mit Radlern teilen, die auf dem Biberttal-Radweg unterwegs sind. In östlicher Richtung geht es an Ebersdorf vorbei nach Leonrod. Die Burgruine ist einen Besuch wert. Sie liegt rechts vom Wanderweg, umgeben von Bäumen. Die einstige Wasserburg aus dem 13. Jahrhundert, im 14. und im 16. Jahrhundert umgestaltet, war Stammsitz des Geschlechtes der Leonrod. Sie fiel 1651 einem Mißgeschick zum Opfer. Damals hatte allerlei Gestrüpp die Außenmauern überwuchert, das man durch Feuer beseitigen wollte. Doch vom brennenden Dickicht flogen Funken auf die Strohdächer der Stallungen, die bald in hellen Flammen standen. Die gesamte Burg brannte schließlich nieder und blieb bis zum heutigen Tag eine Ruine. Wo früher eine Holzbrücke

den Besuch erleichterte, muß man jetzt durch den Halsgraben, der Vor- und Hauptburg trennte, gehen.
Schon von weitem grüßt der spitze Kirchturm der Wehrkirche von Dietenhofen. Die evangelische Pfarrkirche St. Andreas ist im Kern romanisch und geht auf eine Stiftung des Bamberger Bistumsgründers Kaiser Heinrich II. und seiner Gemahlin Kunigunde zurück. Die reiche Ausstattung des Gotteshauses vor allem aus dem 15. und 16. Jahrhundert macht es zu einem sakralen Kleinod im Biberttal.
Nach Besichtigung der Kirche und des Ortskernes um das neue Rathaus mit einigen schönen Fachwerkhäusern wandert man zum ehemaligen Bahnhof von Dietenhofen und hält sich weiterhin auf der alten Bahntrasse an die Grünring-Markierung. Am Abenteuerspielplatz beim Hirtenhof und an der Kläranlage vorbei kommen die Wanderer entlang der Bibert zurück zur Brücke südlich von Herpersdorf, die sie bereits auf dem Hinweg überquert haben. Der Ausgangspunkt dieser Wanderung liegt auf der anderen Straßenseite.

Unweit von Dietenhofen findet sich auf der Hochfläche im Norden der Einödhof Walburgswinden. Das Anwesen ist in der Umgebung als früherer Scharfrichterhof bekannt. Nördlich der Staatsstraße Großhabersdorf–Oberdachstetten gelangt man zunächst zum Weiler Neudietenholz. Wenige Meter westlich liegt der Einödhof Walburgswinden. Ein großer Kastanienbaum steht vor dem schmucken Fachwerkbau, in dessen Inneren noch eine 400 Jahre alte Holzdecke erhalten ist.
Wie die Chronik berichtet, lebte hier der Henker Gassenmeyer. Er machte sein makabres „Meisterstück" an einem gewissen Johann Bändelein, einem Handwerksburschen auf der Walz, der seinen Wanderbruder hinterrücks erschlagen und ausgeraubt hatte. Am 9. November 1773 enthauptete Gassenmeyer auf dem Marktplatz von Wilhermsdorfs mit einem 106 Zentimeter langen Richtschwert „durch einen einzig geführten, meisterhaften Streich" den Verbrecher. Er enthauptete ihn so geschickt, daß der Rumpf ohne Kopf auf dem Richtstuhl sitzen blieb, bis man ihn zum Sezieren in die medizinische Fakultät der Universität Erlangen brachte.

16 Das Rote und das Blaue Schloß in Obernzenn

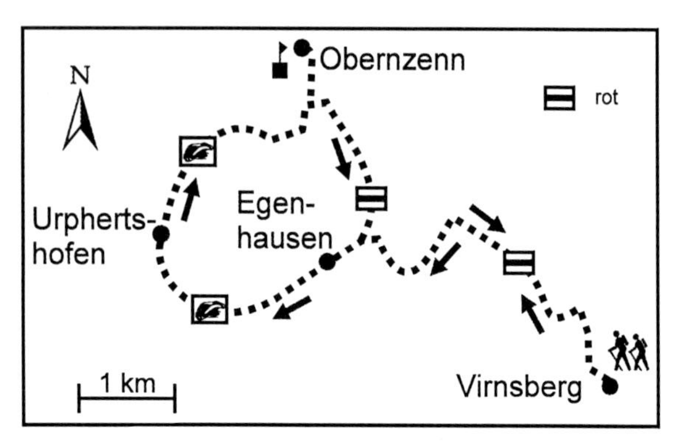

Ausgangspunkt: Virnsberg (Gem. Flachslanden), P am Schloß
Öffentliche Verkehrsmittel: VGN-Bus 734 von Ansbach (nicht am Wochenende)
Anfahrt Pkw: Von der B 13 Ansbach–Würzburg in Oberdachstetten Richtung Osten (Großhabersdorf) nach Virnsberg abbiegen; oder von Fürth aus über Großhabersdorf–Neudorf–Andorf
Weglänge: rund 15 km; einige Steigungen
Sehenswert: Schloß Virnsberg, Rotes und Blaues Schloß in Obernzenn
Einkehrmöglichkeiten: Obernzenn, Virnsberg
Karten: Naturpark Frankenhöhe (Bayer. Landesvermessungsamt); Fritsch-Wanderkarte 70, Landkreis Ansbach, Blatt Nord; Fritsch-Wanderkarte 71, Frankens gemütliche Ecke, Landkreis Neustadt a. d. Aisch–Bad Windsheim

Vielen Wanderern und Naturfreunden, die den Fürther Landkreis durchstreifen, wird das Wappen der Freiherrn von Seckendorff schon begegnet sein. Es zeigt einen zu einer Acht geschlungenen Lindenzweig. Fragt man nach dem Ursprung

des Wappens dieser Familie, die ihr Stammschloß in Obernzenn hat, muß man auf Sagen zurückgreifen.
Als König Konrad III. im Jahre 1147 mit einem Heer zum Kreuzzug ins Heilige Land zog, kam er auch durch den Ort Zenn. Es war heiß, und ein Schwarm Fliegen belästigte ihn so sehr, daß er sich ihrer kaum erwehren konnte. Ein Jüngling aus der Schar des Landvolkes bemerkte dies, riß einen Lindenzweig vom Baum und vertrieb die Fliegen vom Gesicht des Königs. Dies gefiel dem König sehr, und er fragte den jungen Mann nach seiner Heimat. „Von Seckendorf stamme ich“, war seine Antwort. Der König nahm den Jüngling als Knappen in seine Dienste, formte den Lindenzweig zu einer Acht und gab ihn dem Jüngling zurück. Nun sprach der König: „So sollst du fortan Seckendorff heißen, und wenn du mein Ritter geworden bist, sollst du den Lindenzweig auf deinem Schild tragen.“
Auch wenn dies nur eine Sage ist: Das Geschlecht blühte weiter und hat heute noch seinen Stammsitz in Obernzenn; dorthin soll diese Wanderung führen.
Die etwa 15 Kilometer lange Route beginnt in Virnsberg, einer Perle des Rangaus. Stolz erhebt sich eine frühere Deutschordensburg über dem Dorf, beeindruckend für alle, die sich dem Ort nähern. Der oberste Bereich ist der älteste und stammt aus der Zeit vor 1294, als die Burg an den Deutschen Orden überging. Die Ordensritter bauten den mittleren Teil als polygonale Anlage bis ins 16. Jahrhundert hinein aus. In der Barockzeit wurde der untere Wirtschaftshof fertiggestellt. Die Ausstattung der Deutschordenskapelle von 1715 findet sich heute in der 1915 erbauten katholische Pfarrkirche St. Dionysius.
Von Virnsberg aus folgt man zunächst der Rotstrich-Markierung nach Norden über Kemmathen, dann durch einen Mischwald. Dort trifft man auf einen Weg mit der Markierung „Dachs“. Er führt nach und durch Egenhausen. Von dort aus steigt der Pfad nach Westen an, geht zunächst über Wiesen und mündet dann wieder in den Wald. Es folgt eine weitere Steigungsstrecke, dann verläuft der Weg parallel zu einer Straße, bis man zum „Waldheim“ (eine Einrichtung des Diakonischen Werkes) hinuntersteigt. Die Straße nach Urphertshofen wird überquert; auf der gegenüberliegenden Seite steigen Stufen zu einem Wanderparkplatz an. Ab hier leitet neben der Markierung Dachs auch

Gelbstrich nach und durch Urphertshofen. Die Kirche des Ortes, im 12./13. Jahrhundert den Heiligen Jakobus und Nikolaus geweiht, beeindruckt durch ihre hohe Mauer. Sie macht das schlichte Gebäude mit dem romanischen Portal zu einer der charakteristischen fränkischen Wehrkirchen.
Den Ort verläßt man nach Norden Richtung Obernzenn mit den Markierungen Dachs und Gelbstrich. Sie wenden sich am Ortsrand von der Straße weg nach links; der Weg läuft auf den Freizeitsee Obernzenn zu. Dieser See mit einer Wasserfläche von 14 Hektar entstand um 1980 im Zuge der Flurbereinigung. Geht man zum Seeufer hinunter, sieht man auf der gegenüberliegenden Seite an einem Hang die Grabmäler des jüdischen Friedhofs von Obernzenn (neben dem TSV-Sportheim).
Die Markierung Dachs verläuft am Parkplatz des Sees weiter nach Osten bis zur Straße, quert diese und führt – vorbei an der Eisenmühle, heute auch Domizil des Reitvereins – hinein nach Obernzenn. Die Schloßanlage, die man bereits von hier aus sieht, erreicht man auf einem Wiesenweg, der gegenüber dem Marienheim nach links von der Straße abbiegt, oder über den Friedhofsweg, die nächste Abzweigung nach links.
Obernzenn ist geprägt von der großen mittelalterlichen Schloßanlage der Familien von Seckendorff-Gutend und von Seckendorff-Aberdar. Sie besteht aus dem südlich gelegenen Roten Schloß und dem nördlich gelegenen Blauen Schloß. Beide Barockbauten sind durch ein Tor verbunden. Geht man über die steinerne Brücke, die den breiten Graben überspannt und früher eine Zugbrücke war, gelangt man in den Schloßhof. Der ausgedehnte Schloßgarten mit vielen Steinfiguren ist dem Blauen Schloß im Norden vorgelagert. Die Brücke von 1747, die auf der Gartenseite den Schloßgraben überspannt, zählt zu den ersten Eisenguß-Konstruktionen dieser Art.
Das Schloß ist seit fast 800 Jahren Sitz der Familie Seckendorff; es wurde nie durch kriegerische Einwirkungen zerstört. Das jetzige Gebäude des Roten Schlosses ließ die Familie Seckendorff-Gutend 1745 errichten, das Blaue Schloß der Familie Seckendorff-Aberdar entstand in drei Bauabschnitten zwischen 1696 und 1757. Nach langjährigen Renovierungsarbeiten erstrahlt es Ende des 20. Jahrhunderts wieder in neuem Glanz. Seit Mai 1997 kann man bei einer kunsthistorischen Füh-

Das Blaue Schloß in Obernzenn

rung durch den Ostflügel des Blauen Schlosses Repäsentationsräume mit erlesenen Stukkaturen, den Festsaal und dem Treppenaufgang besichtigen. Höhepunkt des Rundgangs ist der sogenannte Bildersaal mit vielen in die Wand eingelassenen Familienporträts aus dem 17. und 18. Jahrhundert.
Die Ökonomiegebäude gegenüber dem Schloßeingang wurden ebenfalls stilgerecht restauriert. Auch an Profanbauten im Ort haben die Seckendorff ihre Handschrift hinterlassen. In der St.-Gertrud-Kirche und auf dem Friedhof finden sich Epitaphien und Grabsteine von Angehörigen der Familie Seckendorff.
Man beendet die erlebnisreiche Rundwanderung, indem man Obernzenn mit der Rotstrich-Markierung auf der Straße nach Sondernohe verläßt und nach rechts abbiegt. Östlich von Egenhausen kreuzt man wieder die Dachs-Markierung und nutzt nun den weiter mit Rotstrich markierten Hinweg für die Rückkehr nach Virnsberg.

17 Lehrpfad „Wein, Wald, Kultur“ am Bullenheimer Berg

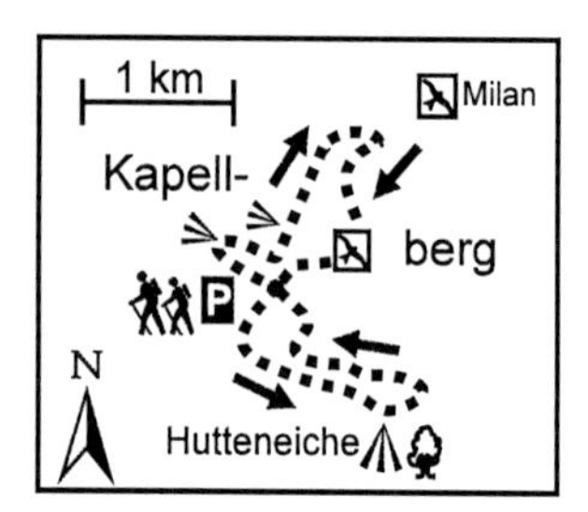

Ausgangspunkt: Bullenheim (Gem. Ippesheim), P Kapellenberg am Bullenheimer Berg
Öffentliche Verkehrsmittel: VGN-Bus 831 von und zum Bahnhof Uffenheim (an der VGN-Linie R 8), H Rathaus Bullenheim
Anfahrt Pkw: Bullenheim liegt an der Verbindungsstraße („Bocksbeutelstraße“) zwischen der B 13 bei Uffenheim und der B 8 Neustadt/Aisch–Würzburg bei Markt Einersheim.
Weglänge: 5 bis 8 km, einige steile Strecken
Sehenswert: Hutteneiche, Ruine der Kunigundenkapelle, Aussichtsturm
Einkehrmöglichkeiten: Bullenheim
Karten: Fritsch-Wanderkarte 67, Naturpark Steigerwald; Fritsch-Wanderkarte 71, Frankens gemütliche Ecke, Landkreis Neustadt a. d. Aisch–Bad Windsheim
Führungen für Gruppen nach Vereinbarung mit der Gemeinde Ippesheim, Tel. 09339/1444 oder dem Weinbauverein Bullenheim, Tel. 09339/342 (Herr Kistner)

„Der Kerner ist hervorgegangen aus einer Kreuzung von Trollinger und Riesling. Er beansprucht gute Lagen, besitzt frühe Holzreife und eine ausgezeichnete Frostfestigkeit. Die Kerner-Weine sind fruchtig und rassig sowie rieslingähnlich.“
Diese Ausführungen entstammen keinem Lehrbuch, sondern einer der Informationstafeln des Lehrpfads „Wein, Wald, Kultur“

am Bullenheimer Berg. Er gibt vor allem Auskunft über Anbau, Qualität und Geschmacksrichtungen verschiedener Rebsorten. Im Verlauf des Lehrpfads bieten einige Schutzhütten noch weitere Informationen über den Weinbau. Man sollte den Lehrpfad nur nicht gerade kurz vor der Weinlese besuchen wollen; da sind Fremde im Weinberg nicht gern gesehen, zudem können Tore dann Zufahrt und Zugang zu einigen der Sträßchen verwehren.

Der Bullenheimer Berg ist westlichster Ausläufer des Steigerwaldes wie auch des gleichnamigen Naturparks. Über den Berg verläuft in West-Ost-Richtung die Grenze zwischen den Regierungsbezirken Mittelfranken im Süden und Unterfranken im Norden. An seinen Hängen und sowie etwas südlich davon liegt eines der wenigen Weinbaugebiete Mittelfrankens. Zwei Fernwanderwege haben den Bullenheimer Berg als Station in ihrem Verlauf: der Kelten-Erlebnisweg von Bad Windsheim ins thüringische Meiningen und der 110 Kilometer lange „Kunigundenweg“ von Aub im Gollachgau bis nach Bamberg. Zudem führen zahlreiche Wanderwege über das Bergplateau und in die Umgebung; verirren kann man sich dank der vielen Wegweiser keinesfalls.

Ausgangspunkt der aussichtsreichen Wanderung am Bullenheimer Berg ist der Parkplatz am Kapellenberg im der Gemarkung „Paradies“. Dorthin gelangt man von der Ortsmitte von Bullenheim, wenn man dem Wegweiser und der Markierung „Hase“ folgt. Einen knappen Kilometer südöstlich des Ortsausgangs biegt man scharf nach links ab; das Teersträßchen steigt zwischen den Weingärten empor zum Parkplatz. Eine Übersichtstafel gibt Auskunft über den Verlauf der Lehr-

Info-Tafel am Lehrpfad

pfadstrecke, die auf den geteerten Sträßchen oberhalb und unterhalb der Weingärten verläuft. Man geht vom Parkplatz aus zunächst wieder ein Stück hangabwärts und biegt dann nach links in südöstliche Richtung ab. Nach rund 1500 Metern trifft man auf den Rastplatz an der sogenannten Hutteneiche, ein 400 Jahre altes Naturdenkmal. Danach geht es am Rand des Weinbaugebiets ein Stück bergauf. Nun wird der Lehrpfad auch von den Markierungszeichen „Kunigundenweg“, „Kelten-Erlebnisweg“ und „Hirschkäfer“ begleitet. Gut einen Kilometer läuft man jetzt auf dem leicht ansteigenden Sträßchen Richtung Nordwesten, bis der Lehrpfad wieder am Parkplatz anlangt. Nun folgt man der einmal eingeschlagenen Richtung weiter; dabei hat man einen schönen Blick auf Bullenheim. Dort, wo der Kunigundenweg und andere Wegzeichen vom Ort heraufkommen, öffnet man eine Tür in der Umzäunung rechts der Straße. Einige Stufen und ein kurzer, gewundener Aufstieg führen zur Ruine der Kunigundenkapelle. Auf der westlichsten Bergnase – dieser Punkt war auch Standort einer mittelalterlichen Burganlage – erheben sich die gesicherten Mauerreste einer früheren Wallfahrtsstätte von etwa 1500. Die Kapelle ist mit einer Legende über die Kaiserin Kunigunde verknüpft. Sie soll sich auf dem Weg nach Würzburg hier im Wald verirrt haben. Die Kaiserin gelobte, eine Kapelle errichten zu lassen, wenn sie aus dem Wald herausfände. Da vernahm sie das Glockengeläut aus dem nahen Bullenheim. Genau oberhalb des Ortes steht man hier an der Kapellenruine und hat – besonders, wenn kein Laub an den Bäumen ist – einen herrlichen Blick in den Gollachgau.
Nun kann man einem Wegweiser zurück zum Parkplatz im „Paradies“ folgen oder mit einem der Wanderwegezeichen dem Wegweiser „Aussichtsturm“ folgen. Ihn erreicht man nach einem Aufstieg durch den Wald. Der Aussichtsturm ist nur an Sonn- und Feiertagen geöffnet, an anderen Tagen muß man sich den Schlüssel zuvor im Ort besorgen (Gasthaus zur Traube). Vom Turm aus blickt man bis in die Rhön und den Spessart sowie ins Hohenloher Land und in den Odenwald. Eine Hütte bietet für die Rast auch bei schlechter Witterung Schutz.
Hier kann man sich erneut entscheiden, ob man die Wanderung noch ausdehnen will: Als Rundweg über den westlichen Teil des Bergplateaus bietet sich die Markierung „Milan“ an, die nach

etwa zwei Kilometern zum Aussichtsturm zurückleitet. Von hier aus folgt man dann den Wegweisern bergab zum Parkplatz.
Das gesamte Hochplateau des Bullenheimer Berges mit einer Fläche von rund 30 Hektar war in vorgeschichtlicher Zeit mit einem Wall umgeben. Die künstlichen Geländeveränderungen sind teils heute noch gut sichtbar. Die Lage, die Geländeanpassung des Walls sowie ein Zangentor im Osten sprechen für die These, daß sich auf dem Berg auch ein keltisches Oppidum befand. Jedenfalls war dieser Tafelberg jahrtausendelang besiedelt; davon zeugen Funde aus mehreren Epochen.
Auch Bullenheim selbst lohnt einen Besuch. Das 1583 erbaute Rathaus zeigt eine prächtige Fachwerkfassade. Ein Steinepitaph des Grafen Paul von Schwarzenberg in der evangelischen Kirche St. Leonhard erinnert daran, daß Bullenheim früher dem Hause Schwarzenberg gehörte. Und auch die Umsetzung der Theorie des Lehrpfads in die Praxis bietet sich in Bullenheim und Ippesheim an: Zahlreiche Weinbauern laden dazu ein.

Südlich von Bullenheim, an der Straße nach Ippesheim, stehen drei Holzkreuze aus der Zeit des Dreißigjährigen Krieges. Wenn man ohnehin mit dem Pkw gekommen ist, kann man auch noch den Abstecher zum Schloß Frankenberg (Gem. Weigenheim) machen. Kurz vor dem nördlichen Ortsrand von Ippesheim biegt man nach links ab. Zur Burg Vorderfrankenberg muß man vom Parkplatz aus hinaufsteigen. Sie geht auf eine Anlage der Nürnberger Burggrafen aus dem 13. Jahrhundert zurück. Der Wohnbau des Hauptschlosses stammt von 1530. Die Burg wird bestimmt von mächtigen Rundtürmen; statt eines solchen im Nordwesten gab es eine kleine Bastei, die im 18. Jahrhundert zu einem Terrassengarten umgestaltet wurde. Etwa 200 Meter nordöstlich der Burg liegt die Ruine Hinterfrankenberg. Als Burg der Würzburger um 1200 aufgeführt, wurde sie im Markgrafenkrieg Ende des 15. Jahrhunderts zerstört.

Ein „Weinwanderweg“ lädt auch bei Ipsheim zum Erkunden des mittelfränkischen Weines ein. Der Ort nahe Bad Windsheim liegt an der B 470 und an der VGN-Bahnlinie R 81. Südlich der Burg Hoheneck im Naturpark Frankenhöhe sind die Rebhänge Hohenecker Rangen, Höll und Sonnenberg durch ein bequemes Wegenetz verbunden.

18 Die Antoniuskapelle am Lauberberg

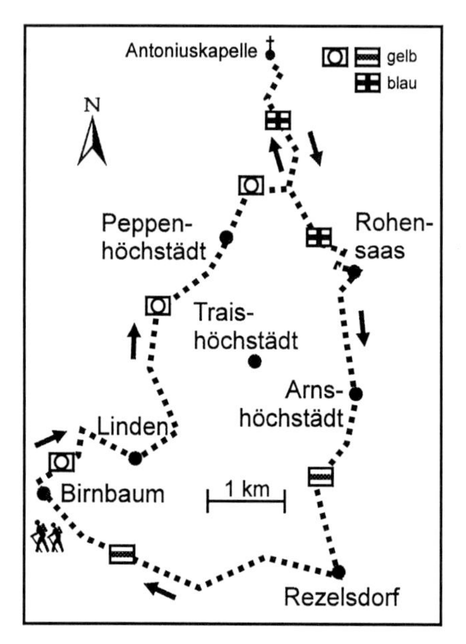

Ausgangspunkt: Birnbaum (Gem. Gerhardshofen), P Ortsmitte
Öffentliche Verkehrsmittel: VGN-Bus 127 von Höchstadt/Aisch oder von Neustadt/Aisch, dorthin mit Bahnlinie R 1 von Nürnberg/Fürth/Erlangen
Anfahrt Pkw: Gerhardshofen liegt an der B 470 im Aischgrund zwischen Neustadt und Höchstadt a. d. Aisch; Birnbaum an der Verbindungsstraße B 470–BAB 3 (Anschlußstelle Erlangen West, 81)
Weglänge: rund 20 km; überwiegend eben, am Lauberberg ansteigend
Sehenswert: Johanniskirche in Linden, Antoniuskapelle am Lauberberg; Mauritiuskirche in Kästel

Einkehrmöglichkeiten: Lauberberg, Birnbaum
Karten: Fritsch-Wanderkarte 71, Frankens gemütliche Ecke, Landkreis Neustadt a. d. Aisch–Bad Windsheim; Fritsch-Wanderkarte 66, Bamberg–Forchheim

Im Aischgrund, bei Sterpersdorf, wenige Kilometer südwestlich von Höchstadt, erhebt sich ein unbewaldeter Hügel, gekrönt von einer Kirche, einem Gehöft und einem Gasthaus. Lauberberg wird er genannt, wohl nach einem im Dreißigjährigen Krieg ausgelöschten Dorf Laub. Das Wallfahrtskirchlein auf dem Berg ist dem heiligen Antonius von Padua geweiht, und alle Jahre am Sonntag nach dem Namenstag des Heiligen (sein Todestag, der 13. Juni) führt eine große Prozession dort hinauf. Das anschließende Fest unter freiem Himmel macht den Lauberberg für einen Tag zum Schauplatz einer fränkischen Kirchweih.
Startpunkt der rund 20 Kilometer langen Rundwanderung ist Birnbaum im Aischgrund. Den Mittelpunkt Birnbaums bildet das ehemalige Schloß, eine dreiflügelige Anlage aus der Renaissancezeit. Man verläßt den Ort auf der Straße nach Dachsbach; die Gelbpunkt-Markierung führt nach rechts von der Straße weg über Feldfluren und an Weihern vorbei nach Linden. Die evangelische Pfarrkirche St. Johannis der Täufer geht auf die Zeit um 1500 zurück; das heutige Langhaus stammt von 1872/73. Im Inneren ist das Sakramentshäuschen aus dem Jahre 1501 an der Chormauer bemerkenswert. Der Zweisäulenaltar stammt aus der Mitte des 18. Jahrhunderts.
Die Gelbpunkt-Markierung führt nun noch ein Stück nach Osten, um dann in nördlicher Richtung den Weg nach Göttelbrunn einzuschlagen. Weiter geht es über Feld und Flur an einzelnen Weihern vorbei nach Peppenhöchstädt. Diesen Ort verlassen die Wanderer auf der Straße Richtung Voggendorf. Nach ungefähr einem Kilometer, hinter einem Weiher, gabelt sich die Straße, man folgt der Abzweigung nach rechts (Osten). Das Sträßchen trifft nun auf einen Wanderweg, der mit Blaukreuz-Markierung nach Norden führt.
Man durchquert hier das Zentrum der Weiherlandschaft des Aischgrundes. Die Weiher drängen sich eng zusammen, oft nur durch schmale Dämme getrennt, ein Mosaik aus Land und Wasser. Seltene Wasservögel beleben das Buschwerk, Grau-

reiher suchen nach Nahrung. Im Herbst beginnt für fränkische Feinschmecker die Karpfenzeit. Die Teichwirtschaft hat eine lange Tradition, die bis ins Mittelalter zurückreicht. Damals wurde unter der Obhut von Klöstern die Fischzucht für die Fastenzeiten betrieben.

Nun wieder zur Wanderung. Man hält sich an die Blaukreuz-Markierung, die am Waldrand entlang Richtung Weidendorf leitet. Am Ende des Waldes verläßt man den markierten Weg in nördlicher Richtung und steigt auf einem Pfad am Waldrand aufwärts. Nach einigen hundert Metern erreicht man das Gehöft mit dem Gasthaus sowie die Antoniuskapelle.

Die Antoniuskapelle

Vor der Kapelle, die eigentlich nur die Sakristei einer größeren, 1826 abgebrochenen Kirche ist, trifft man auf zwei steinerne Grabplatten. Eine von ihnen, die mit einem Eisengitter umgeben ist, soll die letzte Ruhestätte der sagenumwobenen Sybille Weiß bedecken, einer noblen Dame, die gegen Ende des 15. Jahrhunderts auf dem Schloß im nahen Ailsbach gelebt haben dürfte. Große seherische Kräfte soll sie gehabt und unter anderem vorausgesagt haben, daß Menschen in Riesenvögeln durch die Luft fliegen, eiserne Ungeheuer auf ebensolchen Wegen fahren und Wagen ganz ohne Zugtiere vorankommen.

Zum Lauberberg kam sie der Sage nach stets, um vor einem Bild des heiligen Antonius zu beten. Als bei einer dieser Andachten der Leibhaftige sie behelligte und von ihrem Gebet abbringen wollte, flehte sie den Heiligen um Hilfe an, und der Teufel verschwand augenblicklich in der Erde. Zum Dank ließ die fromme Frau besagte Kirche auf dem Lauberberg errichten

(der abgebrochene Bau stammte allerdings erst aus der Mitte des 18. Jahrhunderts). Eine andere Weissagung der Sibylle Weiß ist noch nicht ganz eingetroffen: Sie hatte einst verfügt, ganz dicht an der Mauer der Antoniuskirche beerdigt zu werden; sollte jemals das Grab so weit „weggewandert" sein, daß ein Reiter zwischen Wand und Grab hindurchpaßt, dann stehe der Jüngste Tag unmittelbar bevor. Heute ist das Grab, wie man sich überzeugen kann, ein beträchtliches Stück von der Kirchenmauer entfernt. Möglicherweise bezeichnet die Steinplatte jedoch gar nicht das wirkliche Grab, das vielleicht verborgen und vergessen im Schutz der Kirchenmauer liegt.
Nach einer Rast tritt man den Rückweg an. Zunächst geht es den Berg wieder hinunter bis zur Blaukreuz-Markierung, dann mit ihr nach Südosten durch die Weiherlandschaft bis Rohensaas. Von hier aus verläuft die Wanderstrecke unmarkiert in südlicher Richtung auf einem Sträßchen nach Arnshöchstädt.
Ab dem östlichen Ortsrand folgt man der Gelbstrich-Markierung weiter nach Süden durch einen schönen Wald bis Rezelsdorf. Im Ort knickt die Markierung nach Westen ab und verläuft zunächst durch Wald, dann an einer Weiherkette entlang nach Kästel mit seiner malerischen Kirche. Die evangelische Filialkirche St. Mauritius mit dem ummauerten Friedhof stammt aus der Zeit um 1300. Kostbarkeit dieses Kirchleins sind die Fresken im Chor von 1420. Dargestellt sind die Mauritiuslegende, Evangelisten und Kirchenväter sowie Szenen aus dem Leben Jesu.
Mit der Gelbstrich-Markierung gelangt man nach rund drei Kilometern, wiederum an Weihern entlang, zum Ausgangspunkt der Wanderung.

19 Schloß Schwarzenberg über Scheinfeld

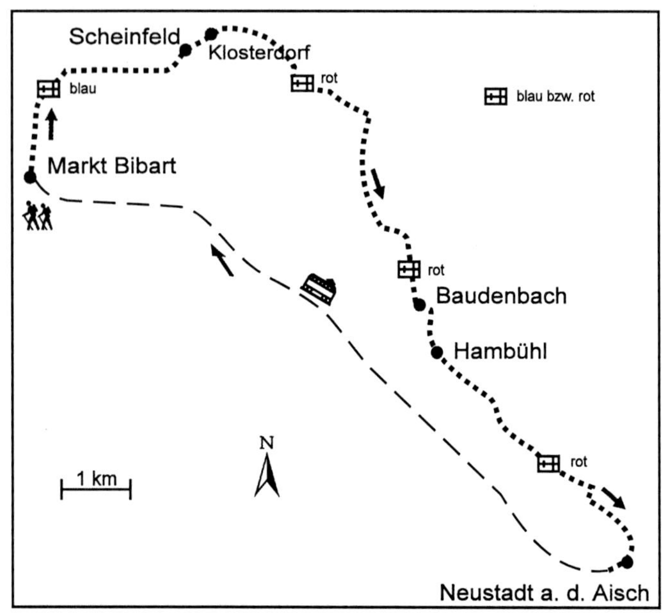

Ausgangspunkt: Markt Bibart, Bahnhof
Öffentliche Verkehrsmittel: Markt Bibart ist Station an der Bahnstrecke Nürnberg–Würzburg und Endpunkt der VGN-Linie R 1, Neustadt a. d. Aisch ist Station an der gleichen Bahnlinie.
Anfahrt Pkw: Markt Bibart liegt an der B 8 nordwestlich von Neustadt a. d. Aisch. Es ist auch von der BAB 3 (Anschlußstelle 75, Wiesentheid) über die B 286 nach Süden zu erreichen.
Weglänge: ca. 22 km, streckenweise mit Steigungen
Sehenswert: Scheinfeld, Schloß Schwarzenberg, Klosterdorf
Einkehrmöglichkeiten: Scheinfeld, Baudenbach, Neustadt
Karten: Fritsch-Wanderkarte 71, Frankens gemütliche Ecke, Landkreis Neustadt a. d. Aisch–Bad Windsheim

Scheinfeld gilt als „Tor zum Steigerwald". In „einer Herberge in Schwarzenberg in Franken" – dem heutigen Scheinfelder Stadtteil mit dem gleichnamigen Schloß – beginnt Goethes Schauspiel „Götz von Berlichingen".
Dorthin führt auch der erste Abschnitt der rund 22 Kilometer langen Wanderstrecke, die nicht als Rundwanderung angelegt ist. Vom Ziel Neustadt a. d. Aisch kann man mit der Bahn zum Ausgangsort Markt Bibart zurückkehren oder direkt die Heimfahrt antreten.
Vom Bahnhof Markt Bibart aus wenden sich die Wanderer nach links, bis sie auf die Markierungen blauer „Flieger" (Doppelkreuz) und „Kunigundenweg" (siehe „Lehrpfad am Bullenheimer Berg") treffen. Mit ihnen quert man die B 8 und die Bibart. Wo die Straße eine scharfe Rechtskurve macht, verläßt man sie auf einem Fußweg in nördlicher Richtung.
Der Feldweg unterquert eine Hochspannungsleitung und strebt dann dem Waldrand zu. Dort gabelt sich der Weg. Man folgt weiterhin der Markierung blauer Flieger nach rechts. Nicht lange, und man gelangt vom Wald auf freies Gelände. Ein schmales Teersträßchen führt zum nahen Scheinfeld, das schon in Sichtweite liegt und vom Schloß Schwarzenberg überragt wird.
Scheinfeld wurde im 8. Jahrhundert erstmals erwähnt. Im Dreißigjährigen Krieg wurde der Stadt großer Schaden zugefügt. Von der wehrhaften Mauer mit vielen Türmen blieben nur der hohe, viereckige Torturm Richtung Schwarzenberg und ein umgebauter Mauerturm erhalten. Der Stadtkern von Scheinfeld hat dennoch sein historisches Gesicht bewahrt; das zeigt sich insbesondere am Marktplatz mit seinen Fachwerkhäusern.
Nicht versäumen sollte man den Besuch der katholischen Pfarrkirche Mariae Himmelfahrt. Ihre Innenausstattung ist spätbarock, die Architektur läßt bereits den Klassizismus ahnen.
Weiter geht man durch das Tor in die Schwarzenberger Straße. Die Allee steigt leicht an; auf der Anhöhe linker Hand liegt das imposante Schloß Schwarzenberg. Es zeigt sich hier von seiner schönsten Seite. Besonders ins Auge fällt der schlanke rote Turm links mit der anschließenden barocken Schloßkapelle – den Heiligen Drei Königen geweiht – und ein dicker runder Turm auf der rechten Seite sowie der ebenfalls barocke soge-

Schloß Schwarzenberg hoch über Scheinfeld

nannte Schwarze Turm in der Mitte. Kurz unterhalb des Schlosses führt linker Hand der Straße ein Pflasterweg, im Volksmund auch „Kniebrecher“ genannt, steil bergan. Oben angelangt, tritt man durch ein kleines Tor im sogenannten Beamtenbau in den Schloßgarten. Zwei gewaltige Mammutbäume, von denen einer durch Blitzschlag etwas kränkelt, stehen vor dem Hauptbau.
Die Geschichte des Schlosses läßt sich bis ins 12. Jahrhundert zurückverfolgen; nach einem Brand 1607 wurde die Anlage nach Plänen des Augsburger Baumeisters Elias Holl wieder aufgebaut. Das weitläufige Schloß mit Haupttrakt und Nebengebäuden im Besitz des Fürstenhauses Schwarzenberg beherbergt Schulen der Mathilde-Zimmer-Stiftung mit Internat.
Nach einem Rundgang durch die Schloßanlage verläßt man sie durch das Osttor und setzt die Wanderung mit der Markierung roter Flieger fort. Nach wenigen Minuten auf der Straße ist der Ort Klosterdorf erreicht. Seine Keimzelle war eine Gnadenkapelle, die von den Fürsten Schwarzenberg 1670 errichtet wurde. Heute ist der Mittelpunkt dieses Ortsteils von Scheinfeld die Kirche Maria Hilf des Franziskanerklosters. Angeschlossen sind die Klostergebäude und ein Bildungshaus.

Das Wanderzeichen roter Flieger weist die Richtung bis Neustadt a. d. Aisch. Zunächst führt der Wanderweg am östlichen Ortsrand von Klosterdorf nach rechts von der Straße weg, leicht ansteigend durch einen Wald Richtung Thierberg.
Kurz vor Thierberg leitet die Markierung nach rechts, weiter dann durch Feldfluren und später am Waldrand entlang. Dann tritt der Weg in den Wald ein und trifft an einer Autostraße auf einen alten Holzwegweiser, der fünf Wegrichtungen anzeigt („Fünfarm"). Man überschreitet die Straße, und die Markierung roter Flieger führt durch schönen Wald, zunächst nach Südosten und dann nach Süden. Nach einigen Kilometern lichtet sich der Wald und gibt den Blick frei hinunter ins Tal nach Baudenbach. Der Wanderweg mündet in ein kleines Sträßchen; entlang des Rüblingsbaches geht es nach Baudenbach.
Den Ort mit einem hübschen Säulenbrunnen verläßt man weiter nach Süden in Richtung Hambühl. Dort folgt man der Dorfstraße und verläßt den Ort, vorbei an einem Spielplatz; dann läuft man auf einem schmalen Teersträßchen weiter. Nach kurzer Zeit zweigt rechter Hand die Markierung vom Sträßchen nach Südosten ab. Der Wanderweg steigt im Wald steil bergan, bis man eine Hochfläche erreicht. Zwischen Eichelberg und Stübacher Berg geht es nun hinunter nach Neustadt/Aisch. Will man hier direkt zum Bahnhof, muß man sich nach Überqueren der Aisch nach Westen wenden. Aber auch ein Besuch der Altstadt mit vielen historischen Bauten (evang. Pfarrkirche St. Johannes, Michaelskapelle mit Beinhaus, barockes Rathaus, Reste der Stadtbefestigung, Fachwerkhäuser) ist lohnend.

20 Wanderung im Steigerwald

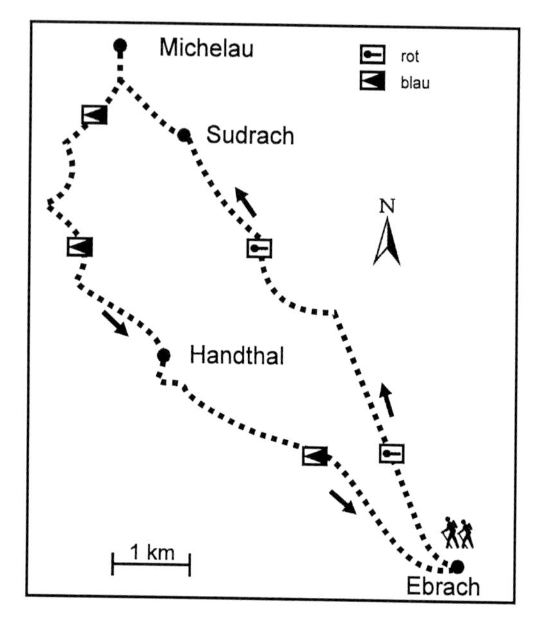

Ausgangspunkt: Ebrach, Ortsmitte
Anfahrt mit Pkw: Ebrach liegt an der B 22 und ist von der BAB 3 über die Anschlußstelle Geiselwind (76) zu erreichen bzw. von der BAB 73 über Bamberg Süd (5).
Weglänge: ca. 20 km, steile Abschnitte
Sehenswert: Kloster Ebrach, Ruine Stollberg
Einkehrmöglichkeiten: Michelau, Stollberg, Handthal, Ebrach
Karte: Fritsch-Wanderkarte 67, Naturpark Steigerwald

Im Herzen des Steigerwaldes liegt Ebrach, das sowohl für Wanderer als auch für Kunstfreunde ein lohnendes Ziel ist. Viele Legenden ranken sich um den Ort und die Klosterabtei. Auch der „Kelten-Erlebnisweg“ (siehe „Lehrpfad am Bullenheimer Berg“) durchzieht Ebrach.

Eine davon erzählt vom Riesen zu Ebrach. Er kam zur Heuernte und bot für wenig Lohn an, eine große Wiese des Klosters abzumähen. Die Mönche meinten, daß dies für eine Person zu lange dauern würde. Darauf schlug der Riese eine Wette vor: Wenn er vom frühen Morgen bis zum Mittag – mit einer kurzen Frühstückspause – das Wiesenstück nicht vollständig abmähe, so seien sein Kopf oder ein hohe Geldsumme verloren. Wenn er aber rechtzeitig fertig würde, dann solle das Kloster sein Eigentum werden. Von der Unmöglichkeit des Angebots überzeugt, gingen die Mönche auf die Wette ein. Am nächsten Tag ging der Riese ans Werk und verrichtete seine Arbeit mit so großer Geschwindigkeit, daß die Geistlichen ihre Wette schon verloren sahen. Da vergifteten die Mönche das Frühstück des Riesen, worauf dieser niederfiel und starb. An der Haupttreppe des Klosters ist er in Lebensgröße aus Stein zu besichtigen.
Das ehemalige Zisterzienserkloster, 1127 gegründet, war das erste dieses Ordens auf rechtsrheinischem Gebiet. Das Klosterwappen, das einen Abtsstab und einen Eber zeigt, weist auf die Legende der Entstehung hin. Am Ort des späteren Klosters soll

Die Kirche des Klosters Ebrach

ein Wildeber einen goldenen Stab aus dem Erdreich gewühlt haben. Das sah man als ein Zeichen Gottes und baute deshalb das Kloster an jene Stelle. Das strahlende Maßwerk der frühgotischen Fensterrosette, der Bernhardusaltar und das barocke Chorgestühl sind nur einige Glanzpunkte der reichen Innenausstattung. Auch die Klosteranlagen beeindrucken mit dem Treppenhaus und dem Kaisersaal. Wie viele Gebäude in kirchlichem Besitz wurde auch das Kloster Ebrach nach der Säkularisation zu Beginn des 19. Jahrhunderts in eine Strafanstalt umgewandelt.

Die 20 Kilometer lange Rundwanderung im Herzen des Steigerwaldes beginnt im Ortszentrum von Ebrach. Von dort aus geht man in die Waldstraße, überquert die Bahntrasse und steigt bergauf bis zum Waldrand. Von hier weist ein Schild Richtung Michelau mit der Markierung rotes „Schlüsselloch". Zunächst geht es weiter bergauf durch Buchenwald. Der befestigte Forstweg verläuft dann fast schnurgerade leicht bergauf und bergab, bis er sich zu einem Wanderpfad verengt. Hier im Herzen des Steigerwaldes kann man noch eine Vielzahl von Tieren und Pflanzen beobachten. Besonders Spechte finden hier ihren Lebensraum. Auch viele Greifvögel und der farbenprächtige Pirol sind vertreten, und im Frühjahr läßt sich der Ruf des Kuckucks vernehmen. Seltene Blütenpflanzen wie Türkenbund, Aronstab und Salomonssiegel gedeihen ebenfalls hier.

Der Wanderpfad führt weiter durch den Wald, am Steinernen Kreuz vorbei und trifft dann wieder auf einen befestigten Forstweg, der die Wanderer nach Sudrach, einem Ortsteil von Michelau, bringt. Dann geht es steil bergab nach Michelau. Die barocke Kirche St. Michael und Georg wurde Mitte des 18. Jahrhunderts nach Plänen von Balthasar Neumann errichtet.

Von diesem Abstecher in die Ortsmitte geht es nach Südwesten wieder aus Michelau hinaus. Man hält sich bis zurück nach Ebrach an die Markierung blauer Pfeil. Zunächst geht es wieder bergauf bis zum Waldrand. Hier sollte man kurz verweilen und den herrlichen Blick vom Steigerwaldtrauf in die Mainebene genießen.

In der Waldabteilung Murrleinsnest führt der Weg zunächst zu einem Steinmarterl aus dem Jahre 1788. Dann geht es nach einem weiteren Anstieg wieder etwas bergab und vorbei an der